"通古察今"系列丛书

民国时期中外史学交流

周文玖 著

河南人民出版社

图书在版编目(CIP)数据

民国时期中外史学交流 / 周文玖著. — 郑州：河南人民出版社，2019.12(2025.3重印)
("通古察今"系列丛书)
ISBN 978-7-215-12110-2

Ⅰ.①民… Ⅱ.①周… Ⅲ.①史学-文化交流-中国、外国-民国 Ⅳ.①K0

中国版本图书馆 CIP 数据核字(2019)第 272785 号

河南人民出版社出版发行
(地址：郑州市郑东新区祥盛街27号 邮政编码：450016 电话：0371-65788077)
新华书店经销　　　环球东方(北京)印务有限公司印刷
开本　787mm×1092mm　　1/32　　印张　5.375
字数　73千
2019年12月第1版　　　　　　2025年3月第2次印刷

定价：52.00元

"通古察今"系列丛书编辑委员会

顾　问　刘家和　瞿林东　郑师渠　晁福林
主　任　杨共乐
副主任　李　帆
委　员（按姓氏拼音排序）
　　　　　安　然　陈　涛　董立河　杜水生　郭家宏
　　　　　侯树栋　黄国辉　姜海军　李　渊　刘林海
　　　　　罗新慧　毛瑞方　宁　欣　庞冠群　吴　琼
　　　　　张　皓　张建华　张　升　张　越　赵　贞
　　　　　郑　林　周文玖

序 言

在北京师范大学的百余年发展历程中,历史学科始终占有重要地位。经过几代人的不懈努力,今天的北京师范大学历史学院业已成为史学研究的重要基地,是国家首批博士学位一级学科授予权单位,拥有国家重点学科、博士后流动站、教育部人文社会科学重点研究基地等一系列学术平台,综合实力居全国高校历史学科前列。目前被列入国家一流大学一流学科建设行列,正在向世界一流学科迈进。在教学方面,历史学院的课程改革、教材编纂、教书育人,都取得了显著的成绩,曾荣获国家教学改革成果一等奖。在科学研究方面,同样取得了令人瞩目的成就,在出版了由白寿彝教授任总主编、被学术界誉为"20世纪中国史学的压轴之作"的多卷本《中国通史》后,一批底蕴深厚、质量高超的学术论著相继问世,如八卷本《中国文化发展史》、二十卷本"中国古代社会和政治研究丛书"、三卷本《清代理学史》、五卷本《历史文化认同与中国统一多民族国家》、二十三卷本《陈垣全集》,

以及《历史视野下的中华民族精神》《中西古代历史、史学与理论比较研究》《上博简〈诗论〉研究》等,这些著作皆声誉卓著,在学界产生较大影响,得到同行普遍好评。

除上述著作外,历史学院的教师们潜心学术,以探索精神攻关,又陆续取得了众多具有原创性的成果,在历史学各分支学科的研究上连创佳绩,始终处在学科前沿。为了集中展示历史学院的这些探索性成果,我们组织编写了这套"通古察今"系列丛书。丛书所收著作多以问题为导向,集中解决古今中外历史上值得关注的重要学术问题,篇幅虽小,然问题意识明显,学术视野尤为开阔。希冀它的出版,在促进北京师范大学历史学科更好发展的同时,为学术界乃至全社会贡献一批真正立得住的学术佳作。

当然,作为探索性的系列丛书,不成熟乃至疏漏之处在所难免,还望学界同人不吝赐教。

北京师范大学历史学院
北京师范大学史学理论与史学史研究中心
北京师范大学"通古察今"系列丛书编辑委员会
2019 年 1 月

目 录

前　言 \ 1

一、中日史学交流 \ 5

　　(一)近世以来之日本史学界 \ 5

　　(二)晚清中日史学交流 \ 7

　　(三)民国时期中日史学交流 \ 10

二、中美史学交流 \ 29

三、中法史学交流 \ 49

四、中德史学交流 \ 75

五、中英史学交流 \ 101

六、中苏（俄）史学交流 \ 127

七、中国与其他西方国家的史学交流 \ 143

八、中外史学交流对民国时期史学发展的影响 \ 154

参考资料 \ 160

前　言

这本小册子的内容是民国时期（1912—1949）的中外史学交流。因为民国接续晚清，书中个别地方不免突破上限，对晚清时期的中外史学交流亦有所涉及。

从地理上看，中国是一个相对独立的单元，从西南、西部到东北，有高原或沙漠环绕，东部和南部是海洋，因而在陆路交通和海上交通均不发达的古代，高原、沙漠和海洋都成了中国与外部世界隔离的天然屏障，妨碍了中国与外国的交流。东汉末年以后，从西边的陆路传来佛教，经魏晋南北朝，对中国文化产生影响。魏晋玄学的产生，与佛教多少也有一点关系。到唐代，佛教势力大盛，统治者一度提倡之，但主流思想界则对之进行了某种程度的抵制。事物的发展往往如此，对立的过程总是伴随着相互影响。至宋代，儒、释、道彼此融会，理学是儒学吸收道家思想、佛教思想的产物。明末天主教之东来，可谓中外文化交流达到又一个阶段的标志。天主教带来了西方文化，包括一些科学技术，但那时明朝对天主教能够完全掌控。清朝实行海禁政策，外国商人、传教士被限定在一定的区域，西方世界，无论是物质文明还是精神文明，对中国影响不大。总之，在鸦片战争以前，周边的国家都比中国落后、弱小，中国对它们来说，是大国、强国、轴心国，具有很大的向心力。它们派遣使者或留学生来中国，学习中国的科技和文化。中国基本上保持着独立自然发展的文化单元的状态。

鸦片战争给中国带来的是千年变局。中国的大门被西方列强打开，西方的文化进来了，中国再也不能回到此前相对封闭的历史时代了。面对民族危机和社会危机的不断加深，中国自身需要应对。不仅在政治上不得不进行变革，而且在文化上，知识界为了挽救时局，也主动地开眼看世界，并意识到中国落后于西方了。中西方文化进入了碰撞、交流期。19世纪五六十年代中国出现的有关外国的史地著作，是中国人看世界的第一批成果，如魏源的《海国图志》、梁廷

前言

枏的《海国四说》、徐继畬的《瀛环志略》、姚莹的《康輶纪行》、何秋涛的《朔方备乘》等。这些著作对外国的认知，远比传统正史中的"外夷传""外国传"翔实得多、准确得多。它们直接运用了外国人提供的材料，有的作者在写作时，甚至与外国传教士有直接的交往和互动。西方传教士也在通商口岸设立书局，于传教的同时，出版刊印西方的自然科学、社会科学以及史地方面的书籍。洋务运动兴起后，北京的同文馆、上海的江南制造总局翻译馆等，都编译了一定数量的西方自然科学、人文学科书籍。这为中国了解西方世界和西方文化提供了资料。西史东渐已经成为中国近代史学演进的一个重要因素。

进入民国时代，中外史学交流更加密切，对民国时期史学的发展也产生了很大推动作用。因此，中外史学交流是民国时期史学史研究的一项不可忽视的内容。21世纪以来，中外史学联动问题受到重视，取得了可喜的成果，有力地推进了中国近现代史学史的研究，使中国近现代史学显得更立体、更丰满了。

本书在过去成果的基础上，从国别史学交流的视角来考察中外史学交流，以他国对中国史学的影响为主。当然中国对他国的史学影响也应在研究范围内（即所谓海外中国学），但由于资料限制和研究工作起步晚，中国史学在国外的传播和影响在中外史学交流史或中外学术交流史中大都比较薄弱。本书自然也不例外。本书的梳理是纲要式的，意在以国别的形式勾勒出民国时期中外史学交流的脉络和轮廓。"中外史学交流"是一个难度很大的课题，资料分散，头绪繁多；对国外汉学家研究成果的研读及评述，还需要外语和多方面专门知识等技能。深化该课题研究，面临很多的挑战。但愿这个小册子，能够为青年学子提供进一步探究的基本知识和学术线索。

一、中日史学交流

(一)近世以来之日本史学界

明治维新后,日本仿照西方,创办高等学校,建立研究机构,成立学会,编辑学术刊物,学术研究迅速实现了近代转型。在此背景下,日本在历史学方面亦取得快速的进步。1887年,东京帝国大学文科创设史学科,聘请德国人利斯(Ludwig Riess,1861—1928)为教授。利斯是兰克(Leopold von Ranke,1795—1886)的再传弟子,至此,西洋近代之史学研究法传到日本。当时日本史学界以日本史、中国史、西洋史鼎足而三。日本人以西方体例著中国史,取得初步成绩,著名的史书有那珂通世的《支那通史》。甲午战起，日本学者注意范围渐大，在那珂通世倡议下，中等教育设立东洋史科，以与西洋史对立。其间著作有宫本贯之《东洋历史》、藤田丰八《中等教育东洋史》、市村瓒次郎《东洋史要》、桑原骘藏《中等东洋史》等。东洋史成为与西洋史相对应的专门学问。所谓"东洋史"，就是以中国史为主要研究内容，范围兼及四周国家的治乱兴衰及其相互关系。

日本各大学，实乃日本研究各种学术的最高中枢。学校内设立各种学会，有力地促进了学术交流和协作，对学术研究水平的提高具有很大作用。东京帝国大学内有史学会、东洋史谈话会、支那哲文学学生会、汉学会、东洋史同好会、东京历史研究会。京都帝国大学内有史学研究会、京都文学会、支那学会、支那学社、东洋史谈话会、东洋史研究会。京城帝国大学内有支那哲文学会、青丘学会。东京文理科大学内有大塚史学会、汉文学会。早稻田大学内有东洋学会、支那哲学部会、东洋史学会。庆应义塾大学内有三田史学会。这些学会有的还办有学术刊物，如东京帝大史学会的《史学杂志》、京都帝国大学东洋史学会的《东洋史研究》、支那学会的《支那学》等，都是影响很大的学术期刊。

除了大学史学科及其史学会，有一些学术资助机构和图书馆，在历史研究方面也发挥重大的作用。如帝国学士院，设立基金，奖励论文著书成绩卓著者，对于有深造希望之士，给予研究学术补助费。此外还有亚细亚学会、东洋协会、东亚考古学会、东方文化学院、南满洲铁道株式会社等。日本著名的图书馆有宫内省图书寮、内阁文库、东洋文库、静嘉堂文库。日本的历史著述、大学、史学团体、图书馆，在中日史学交流中均发挥了重要作用。

（二）晚清中日史学交流

由于历史上中日文化的紧密联系，以及地理的相邻，近代以来，中国与日本文化交流频繁。中国通过日本，了解和学习西方史学。中国学习日本主要从中日甲午战争之后，特别是日俄战争之后开始的。此间，中国大量地派遣留学生到日本，留学生在中日史学交流方面发挥了巨大作用。据统计，从1896年到第二次世界大战结束的50年间，留日生约5万人。从

1896年到辛亥革命前,中国留日生的数量呈现抛物线形态,1896年仅有13人,1903年猛增至1000多人,1906年更达12,000人,1907年后开始下降[1]。此外,旅居日本的政治活动家、学者如梁启超、章太炎、刘师培等人,也从事学术活动,与日本学术界有学术交往,向国内介绍日本史学界的成果。

辛亥革命前,留日生在日本成立了许多翻译团体,著名的有译书汇编社、湖南编译社、会文学社、新译界社、教科书译辑社、闽学会、国学社等。这些翻译团体编译书籍的范围十分广泛,包括政治、经济、法律、行政、教育、外交、军事、地理、哲学、历史、文学、自然科学、实业等。其中有学术著作,也有教科书。历史书在留日生的译著中占有较大的比例。据谭汝谦主编的《中国译日本书综合目录》统计,1900年至1911年留日生编译的史地书籍有220多种,绝大多数为欧美、日本新出版的世界史、国别史、外交史、战争史、地区史、史学理论、历史教学法。这期间,日本运用章节体等西方体例所写的中国史、东洋

---

[1] 李喜所:《清末留日学生人数小考》,见氏著《中国留学史论稿》,中华书局,2007年,第248—253页。

一、中日史学交流

史被翻译至国内，日本根据西方史学理论编著的史学理论著作包括历史研究法著作被译介过来，被日本引进的西方文明史学著作也被翻译过来。兰克史学在中国生根发芽，也有日本的因素[1]。在翻译日本书籍的基础上，中国学者也用章节体撰写了中国历史[2]，撰写史学理论和史学方法论著作[3]，初步建立了中国现代史学的学科框架。清末的"癸卯学制"，其章程主要是借鉴的日本的学制。因此，自戊戌变法至辛亥革命，是中国现代史学产生的阶段，被称作"早期新史学"。这个阶段，中国史学受日本的影响最大。早期新史学为民国时期史学的发展奠定了基础。

---

[1] 据考，国人中最早在文字里提到兰克的是王国维。他在1900年为箕作元八、峰山米造合著《欧罗巴通史》所作的《序》中说："日本理学士箕作元八及峰山米造两君所著《西洋史纲》，盖模德人兰克Ranke氏之作，以供中学教科之用者。"

[2] 如曾鲲化著的《中国历史》（1903年出版上卷，1904年出版中卷），涉园主人（张元济）著的《中国历史教科书》（1903年商务印书馆出版），陈庆年著的《中国历史》（1904年版），夏曾佑著的《中国历史教科书》（1904年、1905年、1906年分三册出版），刘师培著的《中国历史教科书》（1905年版），吕瑞庭、赵澂璧编的《新体中国历史》（商务印书馆1907年版），徐念慈编的《中国历史讲义》（1908年版）等。

[3] 如汪荣宝编译的《史学概论》、梁启超的《新史学》、曹佐熙的《史学通论》等。

(三)民国时期中日史学交流

民国时期的中日史学交流是在晚清史学交流的基础上不断发展的。晚清时期即20世纪初年留学日本的学生在辛亥革命后大都回国,那些学习师范、史地、政治、经济等专业的学者,大都成为国内高校文史学科的骨干。以北京大学为例,北京大学1917年设立史学门,1919年改门为系。第一届史学门主任是康宝忠,他也是第一届史学系系主任。康宝忠1919年11月去世,接任史学系主任的是朱希祖。朱希祖在北京大学史学系主任任上一直干到1931年初。康宝忠、朱希祖都是留日生出身。在北京大学史学系讲授"唯物史观研究""史学思想史"课程的李大钊也是留日出身。其他执北京大学文科牛耳者如马裕藻、沈兼士、周树人、周作人、钱玄同等也都在日本留学过。在中国的最高学府北京大学,留日生在其创办初期具有举足轻重的作用。北京大学史学系的课程表,在星期之列,用日文月(星期一,月曜日)、火(星期二,火曜日)、水(星期三,水曜日)、木(星期四,木曜日)、金(星期五,金曜日)、土(星期六,土曜日)表示,可见日本元素在教学中的影响。此外,北京大学史学系还聘请日本学者担任教授,如1929年北京大学考古学课程就是由日本学者原田淑人担任的[1]。国文系同样受到日本研究中国学问的影响。1932年《北京大学中国文学系课程指导书》指出:"近数十年来,各国多有所谓Sinologist者,用其新眼光来研究我国的学问,贡献甚大。日本以文字、历史、地理的关系,其所谓'支那学'的成绩,最近二三十年,尤多可观。老实说,近年提倡国故整理,多少是受了这种Sinologist或'支那学'的刺激而发的。"[2]

民国时期尽管留日生人数与20世纪初相比下降了,但仍然较多。其中不乏在民国时期影响很大的学者,如吴玉章、陈望道、李达、郭沫若、吕振羽[3]、何

---

[1] 王应宪编校:《现代大学史学系概览(1912—1949)》,上海古籍出版社,2016年,第49页。

[2] 转引自陈以爱著《中国现代学术研究机构的兴起——以北大研究所国学门为中心的探讨》,江西教育出版社,2002年,第45页。该材料注:《国立北京大学中国文学系课程指导书(民国21年9月订)》,北大档案,全宗号:1/案卷号:274。

[3] 吕氏1927年9月东渡日本,入日本明治大学读经济学课程,次年3月回国。

干之等马克思主义史学家，以及在史学理论方面卓有建树的朱谦之、杨鸿烈等。特别需要指出的是，马克思主义在中国传播，日本是一个重要渠道，传播的主体是留日生。如第一个全译《共产党宣言》的陈望道，1915年赴日本留学，先后在东洋大学、早稻田大学、中央大学等校学习文学、哲学、法律等，其间阅读大量马克思主义书籍。李达、郭沫若等都是在日本期间接触、翻译马克思主义著作后，逐渐成为马克思主义者的。他们在马克思主义历史理论方面都有建树。

日本的东洋史研究、中国史研究成果不断被介绍到国内来。日本研究中国有两个中心，一是以白鸟库吉为首的东京大学，一是以内藤湖南为首的京都大学。前者冠以"东洋学"，后者标以"支那学"。白鸟库吉是利斯的弟子，以尊奉兰克史学方法自命。1909年提出著名的"尧舜抹杀论"，认为尧舜禹在中国历史传说中代表三种文化价值。尧代表属于天的天下为公的价值，舜代表属于人的孝顺价值，禹代表属于地的勤劳价值。天、人、地是儒家思想的三个关键支柱，象征三种美德。从儒家产生的时间，足以判断尧、舜、禹是春秋战国以后创造出来的人物，目的是宣扬儒家的价值观念。

"尧舜抹杀论"以《支那古传说之研究》为题目发表在《东洋时报》上,迅速在日本掀起轩然大波。林泰辅与白鸟库吉及其弟子桥本增吉进行了论争。与此相关,东洋学派的饭岛忠夫与支那学派的新城新藏围绕先秦天文历法进行了论战。白鸟库吉的观点,在北京师范大学中国史教授王桐龄的《中国史》讲义中有所介绍。他说:"据白鸟库吉先生所研究,三皇五帝者,未必实有其人,不过汉民族国民思想之反映、臆造之架空的理想人物而已。"[1] 王桐龄的学生李泰棻 1922 年出版的《中国史纲》,亦有"三才五行说"之介绍。中国学者也有对白鸟的观点提出批评的。章太炎 1910年就对其"尧舜抹杀论"非常不屑,甚至嗤之以鼻,说:"白鸟库吉自言知历史,说尧舜禹三号,以为法天、地、人,尤纰缪不中程度。"[2] 在顾颉刚倡导疑古之前,白鸟库吉的观点在中国学术界,特别是具有留日背景学者那里有所知晓,但影响似乎不大。顾颉刚 20 世纪

---

[1] 王桐龄:《中国史》,文化学社,1934 年,第 190 页。
[2] 章太炎:《与罗振玉书》,见马勇编《章太炎书信集》,河北人民出版社,2003 年,第 285 页。

20年代的疑古观点,与白鸟的"尧舜抹杀论"并不存在学术承继关联。白鸟的观点至30年代以后,因有学术界的评论文章,方在中国学术界较大范围地被知晓[1]。白鸟库吉研究中国塞外史地的论文30年代后才不断被翻译,在国内学术刊物上刊登。如《粟特国考》[2]《东胡民族考》[3]《大秦传中所见之汉人思想》[4]《康居粟特考》[5]等等。王古鲁受中华教育文化基金董事会编译委员会的委托,翻译日本学者著述,名曰《塞外史地论文译丛》,将白鸟以"大秦、拂菻"为中心问题之文字编为第一辑,并撰写了《白鸟库吉及其著作》置于卷首,介绍了白鸟的生平、主要著作、重要的学术观点。特别是对白鸟的"尧舜抹杀论"的提出以及在日本的争辩过程作了简明扼要的梳理。卷末附有《白鸟博士著作年表》。王古鲁译编的白鸟著作由商务印书馆于1938年、1940年分两辑出版,但他

---

[1] 李孝迁:《域外汉学与中国现代史学》,上海古籍出版社,2014年,第88页。
[2] 钱稻孙译,载《女师大学术季刊》,1930年第1卷第4期。
[3] 冯家昇译,载《地学杂志》,1934年第2期、1945年第1、2期。
[4] 仇在庐译,载《禹贡》,1935年第3卷第3、5期。
[5] 傅勤家译,商务印书馆,1936年。

撰写的《白鸟库吉及其著作》《白鸟博士著作年表》却在1936年11月即刊登在《金陵学报》第6卷第2期上了。

内藤湖南（本名虎次郎，1866—1934）作为京都大学的中国学的标志性学者，治学领域宽广，在中国史、日本文化史等方面均留下了许多的成果。他既精通传世的历史文献，又重视甲骨文、敦煌文献的史学价值，对甲骨学、敦煌学的发展做出了贡献。他于20世纪20年代提出著名的"唐宋变革论"。他与王国维是学术朋友，彼此相互影响，王国维以"二重证据法"研究古史，运用甲骨文研究殷周历史，与内藤湖南治学理路相契合。郭沫若流亡日本期间，潜心研究甲骨文、金文，对京都学派和内藤湖南的治学均表现出赞赏和尊重。郭沫若在京都曾专门拜访内藤湖南，并与他在"恭仁山庄"进行了交谈。"郭沫若谈及了自己关于甲骨文研究的见解，内藤湖南认为郭沫若很有天分，不过他不大同意郭沫若的见解。他后来私下对人讲，郭沫若对甲骨文的解释'有些异想天开'，其研究具有'冒险性'。尽管如此，郭沫若对内藤湖南非常敬重，他在返回东京后即赋诗一首《访恭仁山庄》，请田中庆太郎转寄内藤湖南。内藤湖南也曾专门为郭沫若复制拓本资料。"[1]

内藤湖南曾到中国访学、游历，1902年读到章学诚《文史通义》《校雠通义》，深感其寓意深刻，在杭州购得两部，并将其中一部送给了当时在中国留学的狩野直喜。以后他又买到章氏遗书抄本18册，编辑了《章实斋先生年谱》，撰写了《章学诚的史学》。他的《章实斋先生年谱》在中国史学界产生了影响。胡适、姚名达在内藤湖南的年谱基础上，又作了更加翔实的《章实斋年谱》，从而激发起中国史学界对章学诚史学的重视。胡适说："我做《章实斋年谱》的动机，起于民国九年冬天读日本内藤虎次郎编的《章实斋先生年谱》(《支那学》卷一，第三至第四号)。我那时正觉得，章实斋这一位专讲史学的人，不应该死了一百二十年还没有人给他做一篇详实的传。……最可使我们惭愧的，是第一次作《章实斋年谱》的乃是一位外国的学者。"[2]胡适作《章实斋年谱》时，知道内藤湖南有章氏遗书抄本18册，还托请日本朋友青木正

---

[1] 刘德有:《战后随郭沫若访日》,辽宁人民出版社,1988年,第141页。
[2] 胡适:《章实斋年谱·胡序》,姚名达订补,商务印书馆,1931年。

一、中日史学交流

儿将这部遗书的目录全抄了寄来，说明胡适与内藤氏亦有间接的联系。胡适的《章实斋年谱》出版后，受到中国史学界的关注，清华国学研究院的学生姚名达把"章学诚史学研究"作为自己的研究方向。《章实斋年谱》再版时，胡适请姚名达进行增补，请对章学诚研究有素的何炳松写序。中国学者研究章学诚的这些活动，也引起内藤湖南的关注，他说："中国有一位叫胡适的人还将我所作的年谱予以增订出版，由此章氏的学问亦引起了中国新派学者的注意。在此之前，中国治旧学的学者，如张尔田、孙德谦等人出于对章氏学风的仰慕也曾特别进行过钻研；而最近除胡适之外，又有出身于清华学堂的姚名达，以及四川学者刘咸炘等人，都能发挥章氏之学，各有著述公开发表。"[1]

中国的学术期刊比较注意介绍日本的汉学研究成果。《国学季刊》《北京大学研究所国学门周刊》《燕京学报》《史地学报》《禹贡》等刊物都刊登了不少日本学者的研究成果，并发表评介文章。如《燕京学报》1936年第19期刊登的《日人在东北的考古》，《禹贡》

---

[1]〔日〕内藤湖南：《章学诚的史学》，见内藤湖南著，马彪译《中国史学史》，上海古籍出版社，2008年，第371页。

1936年第5卷第6期发表的《日人对我东北的研究近况》等就可反映这方面的情况。日本学者的著作翻译成中文的也很多，如桑原骘藏的《蒲寿庚考》，内藤湖南的《先秦经籍考》，白鸟库吉的《塞外史地论文》《东胡民族考》，青木正儿的《中国近世戏曲史》《南北戏曲源流考》《元人杂剧序说》《中国文学概说》，羽田亨的《西域文明史概说》《中央亚细亚的文化》，羽溪了谛的《西域之佛教》，石田干之助的《中西文化之交流》等名著，都被翻译成中文。

日本汉学界的学者也到中国收购书籍，建立汉学研究机构，充实他们的研究资料。如1931年，日人松村太郎来北平，与琉璃厂、文殿阁建立紧密的业务联系，购买了大量中外交通史料，并找中国学者予以标点和整理。来中国访学的日本学者数量也很多，其中不乏著名者，如竹田复、吉川幸次郎、青木正儿、仓石武四郎等，他们都得到中国学者的友好接待。

日本的著名图书馆，与民国时期中国图书的外流也有密切的关系。如东洋文库是1917年岩崎久弥收购原在北京的莫利森文库的基础上创立的。莫利森文库藏图书二万四千余册，图片千余帧，是莫利森

一、中日史学交流

(George Ernest Morrison,1862—1920)在华期间20多年苦心搜罗的有关亚洲的书籍图志,包括英、法、德、俄、荷兰、意、葡、拉丁、西班牙、瑞典、丹麦、波兰、匈牙利、希腊、芬兰等国文字关于东方(以中国为主)的论著。莫利森是出生于澳大利亚的苏格兰人,1897年以伦敦《泰晤士报》通信员身份到北京,后任中国总统府顾问(1912—1920)。日本静嘉堂文库有中国皕宋楼、十万卷楼善本四万余册,宋元版书之夥,独步古今。日本也有许多甲骨文、金文、石鼓文的收藏家、研究者,他们经常到中国来,与中国的古董商和有关专家多有交往。郭沫若1928年至1937年流亡日本期间,研究甲骨文、金文,取得令日本学界震惊的丰硕成果,就与日本在这方面丰富的收藏有关。

日本在明治维新前,一直受中国文化的影响,知识阶层自觉地学习和吸收中国文化。中国传统学术在日本文化中有丰厚的积淀。明治维新后,他们又主动学习西方,运用西方的学术理念、学术机制进行本国史、中国史、西洋史研究,迅速实现了学术研究的近代转型。相对于西方学者,日本学者有一些得天独厚的优越条件:日本与中国地缘近,人员来往方便;日本文化中具有浓重的中国文化色彩，接受和学习中国文化比较容易。因此，在先进的学术理念和治学方法的指导下，日本的中国学在短时间内取得了诸多成就。文化的紧密交融，本是中日史学交流的良好的基础，但日本近代以来一直对中国抱有野心，甲午战争后更是进行野蛮的侵略。日本的中国学研究，在学术成果的背后，也隐藏着不纯正的动机和目的，给中日史学交流蒙上了一层阴霾。

早在1910年，章太炎对明治维新后的日本第一代汉学家就有批评，指出其学术研究中的对外扩张性特点。他说："大抵东人治汉学者，觊以尉荐外交，不求其实。"[1]也就是说，日本汉学界为了政治利益以及侵略扩张的目的，有研究学问故意歪曲事实的倾向。郭沫若对以白鸟库吉为中心的东洋学派极为反感，说"白鸟本人（他便是法西斯外交官白鸟某的父亲）除在东京帝大担任教授之外，在这儿（按指东洋文库）有他的研究室，经常住在这儿的三楼。他的下边的一群学者，大多是受了法兰西学派的影响，而又充分发泄

---

[1] 章太炎：《与罗振玉书》，见马勇编《章太炎书信集》，河北人民出版社，2003年，第285页。

着帝国主义的臭味的。对于中国的古典没有什么坚实的根底,而好作放诞不经的怪论。有一位著名的饭田(岛)忠夫博士,便是这种人的代表。他坚决主张中国人是没有固有文化的,所有先秦古典,一律都是后人假造。中国的古代文化,特别关于星算之类,是西纪前三三四年(战国中叶)亚历山德大王东征之后才由西方输入的。因此凡是古文献中有干支之类的文字,在他认为尽都是后人的假托。甲骨文和金文里面的干支文字极多,而这些东西都是在西纪前三三四年之前,不用说也就都是假造的东西了。这样的论调与其说是学术研究,毋宁说是帝国主义的军号。东京学派的人大抵上是倾向于这一主张的,因而他们对于清乾嘉以来的成绩,不仅不重视而且藐视。关于甲骨文和金文之类,自然也就要被看成等于复瓿的东西了"[1]。

本田成之的《支那经学史论》于1927年出版。其书末有云:"我至是有一遐想,埃及和迦勒底的学问在其本国已亡掉了,希腊的学问在他的本国已亡,而在他国却完全保存着呢。佛教也是这样。回想我以前,

---

[1] 郭沫若:《我是中国人》,见《郭沫若选集》第1卷下册,四川人民出版社,1979年,第87—88页。

在南华某人家曾见左宗棠墨迹一联云'异国古书留日本'。像经学这一学科,将或失于中国而被存于日本也未可知,我于此有无限的感慨了。"[1] 本田成之的这本书很快就在中国出现两个译本:一是江侠庵译,商务印书馆1934年出版,书名译为《经学史论》;一是孙俍工译,中华书局1935年出版,书名译为《中国经学史》。该书的确也让中国学者受到了些许刺激,如当时研治经学史的青年学者周予同就感慨道:"但是很可奇怪的,以中国这样重视史籍的民族,竟没有一部严整的系统的经学通史。自然,经学史料是异常丰富的,广义的经学史或部分的经学史也不是绝无仅有;但是,如果说到经学通史,而且是严整点系统点的,那我们真不知如何回答了。皮锡瑞的《经学历史》、刘师培的《经学教科书》第一册,固然不能说不是通史;但是以两位近代著名的经今古文学大师,而他们的作品竟这样地简略,如一篇论文或一部小史似的,这不能不使我们失望了。最近日人本田成之撰《支那经学史论》,已由东京弘文堂出版,以具有二千余年之经

---

[1] 〔日〕本田成之:《中国经学史》,孙俍工译,上海书店出版社,2001年,第296页。

学研究的国度，而整理经学史料的责任竟让诸异域的学者，这在我们研究学术史的人，不能不刺骨地感到愧惭与耻辱。"[1] "整个经学之产生和演变的叙述，让日本后起的学人本田成之在东京出版；这国内外学术研究空气的对比，真使我们感到刺骨的惭愧。"[2] 即使这样，周予同认为这本书问题仍然很多。他说："此书只能表示异国学者对于中国经学的见解，并不是成熟的作品。"[3] "其缺点在对于中国经学的修养不够而多武断的话。"[4] 在一个中国青年学者看来如此不成熟的作品，作者却如此豪言自负，多少反映了日本学者研究汉学的强权霸道心理。

日本对中国社会史、经济史的研究在20世纪30年代的社会史论战时期产生了一定的影响。森谷克己

---

[1] 周予同：《经学史与经学之派别——皮锡瑞〈经学历史〉序》，见《周予同经学史研究论著选集》（增订本），上海人民出版社，1996年，第96页。
[2] 周予同：《治经与治史》，见《周予同经学史研究论著选集》（增订本），上海人民出版社，1996年，第623页。
[3] 周予同：《治经与治史》，见《周予同经学史研究论著选集》（增订本），上海人民出版社，1996年，第626页。
[4] 周予同：《怎样研究经学》，见《周予同经学史研究论著选集》（增订本），上海人民出版社，1996年，第629页。

的《中国社会经济史》、早川二郎的《古代社会史》、佐野袈裟美的《中国历史教程》等,被翻译过来,成为社会史论战时期的外来资源,为参与论战者所资取。那时对这种现象进行的学术批评多少也能折射出这种情况,郑师许说:"日本森谷克己的《中国社会经济史》及佐野袈裟美的《中国历史教程》等书传入我国,而译者纷起,甚至有改头换面、半编半译的类似外货的史书出现,而学校中竟有用为课本以号时髦者,岂不大可哀乎?"[1]

日本在中国东北肆意进行侵略活动,特别是"九一八"事变后,成立了日满文化协会、满洲协会,日本众多一流汉学家包括白鸟库吉、内藤虎次郎、服部宇之吉、羽田亨等,与罗振玉、郑孝胥等人沆瀣一气,进行东北历史地理调查,整理满蒙史料,以融合日满文化相标榜,为日本侵吞中国东北张目,完全沦为日本帝国主义对中国进行侵略的工具和帮凶。中国学者对此进行了反击和驳斥。如主张"史学即是史料学"的傅斯年,为了驳斥日本帝国主义的满洲非中

---

[1] 郑师许:《民族主义的历史教学上之三大问题》,载《教与学月刊》,1941年第5卷第11、12期合刊。

国领土论,撰写了《东北史纲》。章太炎在北平高校演讲,强调历史之重要性:"不知不讲历史,即无以维持其国家。历史即是账簿、家谱之类,持家者亦不得不读也。"[1]"日本外交官在国际联盟会称东三省本是满洲之地,中国外交官竟无以驳正,此岂非不看家谱、账簿而不知旧有之产业乎?"[2]顾颉刚创办《禹贡半月刊》,发表《禹贡学会研究边疆学之旨趣》,针对日本对中国的侵略和"近年日本学者之中国研究",提出研究边疆学的紧迫性,他说:"我辈生于今日,受重重之束缚,欲求我之知彼固不容同于彼之知我,然而我之知我则必不可逊于彼之知我。何则?主客易位则宰割由人;岂惟束手待毙,亦将无以得旁观者之同情。有某甲焉,负箧而趋,某乙追之,呼曰:'是吾家物也,汝何盗!'甲止步而询曰:'果是君家物者,请具言其中所藏!'乙瞠目而不能答。甲乃侃侃陈词,谓中有币帛若干,金银若干。启而检之,果如所说,斯时旁

---

[1] 章太炎:《历史之重要》,见马勇编《章太炎讲演集》,河北人民出版社,2004年,第152页。

[2] 章太炎:《历史之重要》,见马勇编《章太炎讲演集》,河北人民出版社,2004年,第150页。

观者必皆直甲而曲乙，斥乙为诬谰矣。即有明知甲之为盗者，亦必鄙乙之颠顶而不善保其所有，目笑存之矣。呜呼，今日之事何以异此！"[1] 金毓黻是著名的东北史家，基于爱国爱乡的情愫，他潜心研究东北史，他对日本学界东北史研究的情形十分清楚，提出中国加强东北史研究的紧迫性。他说："今日有一奇异之现象，即研究东北史之重心，不在吾国，而在日本，是也。姑无论其用意若何，所述有无牵强附会，而其搜材之富，立说之繁，著书之多，亦足令人惊叹。试检其国谈东洋史之专籍，十册之中，必有一册属于东北，论东方学术之杂志，十篇之中，必有一篇属于东北，总其部居，校其篇目，林林总总，几于更仆难数。世界各国学者，凡欲研究东洋史、东方学术，或进而研究吾国东北史，必取日本之著作为基本材料，断然无疑。以乙国人，叙甲国事，其观察之不密，判断之不公，本不待论。重以牵强附会，别有用意，入主出奴，积非成是，世界学者读之，应作如何感想。是其影响之巨，贻患之深，岂待今日而后见。此由吾国向无此类

---

[1] 顾颉刚：《禹贡学会研究边疆学之旨趣》，见《宝树园文存》（卷4），中华书局，2010年，第221页。

一、中日史学交流

精详之专书,可供世界学者之考览,而国人忽略史事,研究不早,亦其一端也。譬之居家,室中之藏,土田之籍,牛马蕃息之数,戚郦隆杀之等,主人概不之知。而其邻人或素昧平生之士,登其庭入其室,开其箧缄,一一而探索之,分类而晰载之,细大不捐,如数家珍,吾知其家之败可立待,且将辇其所藏以入于他人也。今日之情,何以异是。为主人者,亟应自计其室中之藏,土田之籍,马牛蕃息之数,戚郦隆杀之等,失之东隅,尤可收之桑榆。然则研究东北史,其可缓乎?"[1]

随着日本全面发动侵华战争,日本汉学界的一些人士完全撕下了学者的外衣,为本国的侵略行径宣传鼓噪。杨宽指出:"白鸟库吉就是日本南满洲铁道株式会社所属'满鲜历史地理调查部'的主持人,白鸟曾四次奉命前往中国东北、华北、内蒙等地作实地调查,这个机构前后出版的研究成果,显然应合当时日本侵略的需要。"[2]白鸟在日本侵华过程中扮演了一个御用文人的角色,曾公开在《满洲报》发表《满洲建国

---

[1] 金毓黻:《东北通史·引言》,五十年代出版社,1943年。
[2] 杨宽:《历史激流中的动荡和曲折——杨宽自传》,(台北)时报文化出版企业有限公司,1993年,第77页。

之必然》,以学术研究的面目宣扬"满蒙非支那土地"的谬论,歪曲历史,为日本侵华编造根据,为虎作伥。正常的中日史学交流至此基本中断了。在日伪占领区,日伪文化机关所开办的大学及其学术刊物,虽然仍不乏登载介绍日本学界的汉学研究机构、汉学家以及汉学研究成果之文章,但其交流的性质出现了变化。中日史学交流进入了黑暗和冷冻期。

二、中美史学交流

美国是一个后起的新兴的国家。自其建国后，发展迅速，19世纪一跃成为世界强国，并走上对外扩张的道路。由于美国与欧洲的密切关系，美国的科学技术、哲学社会科学、人文学科受欧洲的影响很大。在历史学方面，19世纪后期至20世纪初期，美国步欧洲之后尘，诸多美国学者到欧洲留学，学成后回到美国。还有许多欧洲的著名史学家来到美国，在美国著名大学任教。所以欧洲的史学思潮和史学流派，在美国均有信奉者和传人。中美文化交流最早是从美国传教士来华开始的。鸦片战争后，西方传教士大批来华，传播西方的宗教文化，其中包括诸多美国传教士。他们在传教的同时，也介绍了西方的史地知识，以及西方国家的政治、经济、社会、文化等方面的情况。中国近代的最早一批涉及外国史地的著作如《海国图志》《瀛环志略》等，就吸收了美国传教士的西学知识。1847年，中国派出容闳、黄胜、黄宽三人赴美留学，这是中国近代最早的留美生。1872年清政府又陆续派了120名幼童留学美国。因为清政府内部顽固派的反对，这批幼童1881年没有完成学业就回国了，学生留美工作基本中断。1900年后，留美生才逐步增多。特别是1909年后，美国将庚子赔款的一部分用于中国派遣留美生的经费，并建立了清华留美预备学校，留美学生数量剧增。此外，各省都有官费资助的留美生。民国时期，留美生数量庞大。留美生在中美史学交流中发挥了重要的桥梁作用。美国来华的汉学家与中国学者也有密切的学术交流，他们回国后，对美国的中国学研究发挥了重大作用。

据统计，民国时期留学美国以中国史为题获得博士学位的留学生有29位[1]，以获得博士学位时间先后，依次为刘强（1923年）、陈受颐（1928年）、范存忠（1931年）、金武周（1931年）、沈维泰（1932年）、汤

---

[1] 元青等：《民国时期留美生的中国问题研究》，南开大学出版社，2017年，第34页。

二、中美史学交流

吉禾（1932年）、郭斌佳（1933年）、皮名举（1935年）、齐思和（1935年）、章楚（1935年）、罗荣宗（1936年）、翁独健（1938年）、黄延毓（1940年）、姚善友（1941年）、郑德坤（1941年）、邓嗣禹（1942年）、余秀豪（1942年）、陈铁民（1944年）、周一良（1944年）、史景成（1946年）、吴保安（吴于廑，1946年）、杨联陞（1946年）、朱士嘉（1946年）、何祚藩（1947年）、温月熊（1948年）、张伯训（1948年）、王伊同（1948年）、蒙思明（1949年）、向高（1949年）。这些学者大都博士毕业后回到国内，成为民国时期知名大学的教授；少部分居留美国，如邓嗣禹、杨联陞等，在美国汉学界乃至国际汉学界具有重大的影响。杨联陞以后成为哈佛大学教授，美国许多汉学家出于他门下。他撰写了数篇中国史学史方面的论文，如《中国传统的编史工作》《二十四史称呼之理论》《古代中国历史研究之发展》等，对美国了解中国史学具有重要的意义。邓嗣禹1949年写有《最近50年中国史学》，对中国20世纪前半期的史学作了全面介绍，指出中国史学，历史悠久，成就辉煌，在人类文明史上罕有与之匹敌者，西方学者应该知道和了解中国史学。留美博士既是民国时期中美史学交流的成果，又为推动民国时期中美史学交流做出了重大贡献。

哲学与史学关系密切，在美国研究中国哲学问题的学者回国后在史学方面取得成就者不乏其人。以中国哲学问题为研究论题获得博士学位的留学生有19位[1]，以毕业时间为序，依次为刘经庶（刘伯明，1915年）、胡适（1917年）、许仕廉（1923年）、戴贯一（1925年）、冯友兰（1925年）、梅贻宝（1927年）、诚质怡（1928年）、邓春膏（1928年）、陈荣捷（1929年）、陈元龙（1930年）、徐腾辉（1930年）、袁文伯（1930年）、徐宝谦（1933年）、倪青原（1938年）、施有忠（1939年）、黄秀玑（1944年）、陈观胜（1944年）、鞠秀熙（1948年）、周幼伟（1948年）。此外，还有在中国近代史领域影响很大的蒋廷黻，他1923年以《劳工与帝国：关于英国工党特别是工党国会议员对于1880年以后英国帝国主义的反应的研究》为题，获得哥伦比亚大学哲学博士学位。在世界史领域很有影响的雷海宗，以《杜尔阁的政治思想》为题，于1927年在芝加哥大

---

[1] 元青等：《民国时期留美生的中国问题研究》，南开大学出版社，2017年，第61—62页。

学获得哲学博士学位。留美生关于中国问题的论文，对于美国乃至西方世界了解中国文化、东学西渐、促进美国汉学的发展具有重要的意义。

留学美国获得硕士学位的学者，在民国时期中美史学交流中做出巨大贡献的也很多。他们在美国读的专业，有的是历史学，有的虽不是历史学，而是哲学，或是政治学，或是教育学，或是其他社会科学，但由于辅修了历史学，以及原本就有良好的史学功底，这部分学者回国后从事历史研究和教学，介绍美国史学流派和史学思想，对中美史学交流的贡献亦非常突出。在民国时期史学界比较有影响的学者像何炳松、洪业、陈衡哲、陈翰笙、陆懋德、吴宓、徐则陵、李济、陈寅恪、梁思永、张星烺、刘崇宏、林同济、张荫麟、耿淡如、杨生茂、丁则民、王锺翰、黄绍湘、翦伯赞、王毓铨、何兹全等等，都曾留学美国，在引进美国史学成果及史学理论方面各有特色。洪业的中美学术交流组织工作，陈衡哲的西洋史教学和教材编写，陈翰笙的西方史学史教学，陆懋德的史学方法论著作，李济、梁思永的考古学，张星烺的中西交通史著述，张荫麟对西方历史哲学的述评，杨生茂、丁则民、黄绍湘的美国史研究，耿淡如的西方史学研究，王锺翰的清史研究等等，都是别开生面，在中国现代史学建设方面，具有开创性意义。

民国时期，对中国史学影响较大的哲学思想是美国的实验主义。早在1906年，张东荪、蓝公武等人就在中国介绍和宣传实验主义，但在当时影响有限。真正在中国掀起巨大波澜是在五四运动时期。特别是留美生胡适的系统阐释，使实验主义开创出一个史学新时代——新历史考证学的兴起。1919年，胡适发表《实验主义》，他说："到了实验主义一派的哲学家，方才把达尔文一派的进化观念拿到哲学上来应用；拿来批评哲学上的问题，拿来讨论真理，拿来研究道德。进化观念在哲学上应用的结果，便发生了一种'历史的态度'（the genetic method）。怎么叫做'历史的态度'呢？这就是要研究事物如何发生，怎样来的，怎样变成现在的样子：这就是'历史的态度'。……这种历史的态度，便是实验主义的一个重要的元素。……实验主义的两个根本观念：第一是科学实验室的态度，第二是历史的态度。这两个基本观念都是十九世纪科学的影响。所以我们可以说：实验主义不过是科

二、中美史学交流

学方法在哲学上的应用。"[1] "十九世纪前半的哲学的实证主义（Positivism）就一变而为十九世纪末年的实验主义（Pragmatism）了。"[2] 胡适认为影响他思想最大的是赫胥黎和杜威。他指出："我的思想受两个人的影响最大：一个是赫胥黎，一个是杜威先生。"[3] 胡适以实验主义为指导，研究中国哲学史，出版《中国哲学史大纲》（卷上）。在该书《导言》中提出了哲学史研究的方法论。他说：

> 要做一部可靠的中国哲学史，必须要用这几条方法。第一步须搜集史料；第二步须审定史料的真假；第三步须把一切不可信的史料全行除去不用；第四步须把可靠的史料仔细整理一番：先把本子校勘完好，次把字句解释明白，最后又把各家的书贯串领会，使一家一家的学说，都成有条理有统系的哲学。做到这个地位方才做到"述学"两个字。然后还须把各家的学说，笼统研究

---

[1] 胡适：《实验主义》，见《胡适文存》（一集），黄山书社，1996年，第216页。
[2] 胡适：《五十年来之世界哲学》，见《胡适文存》（二集），黄山书社，1996年，第253页。
[3] 胡适：《介绍我自己的思想》，见《胡适文存》（四集），黄山书社，1996年，第452页。

一番,依时代的先后,看他们传授的渊源,交互的影响,变迁的次序:这便叫做"明变"。然后研究各家学派兴废沿革变迁的原故:这便叫"求因"。然后用完全中立的眼光,历史的观念,一一寻求各家学说的效果影响,再用这种影响效果来批评各家学说的价值:这便叫做"评判"。[1]

胡适的这段研究中国哲学史的方法论,对一切历史研究都是适用的。可以说,它对中国现代史学具有典范意义。通过开展整理国故运动,致使新历史考据学兴起,民国史学进入一个新的时代。

李大钊是北京大学教授,20世纪20年代,他在北京大学讲授"唯物史观研究""史学思想史"等课程,在史学理论方面多有建树,发表论著较多。他受美国学者房龙的影响,或接受房龙的观点。亨德里克·威廉·房龙(Hendrik Willem van Loon,1882—1944)是荷兰裔美国人,1882年出生在荷兰鹿特丹。他是历史地理学家,也是出色的通俗历史作家,在历史学、文化、文明、科学

---

[1] 胡适:《中国哲学史大纲》(卷上),商务印书馆,1919年,第32—33页。

二、中美史学交流

等方面都有著作,是伟大的文化普及者。青年时期先后在美国康奈尔大学和德国慕尼黑大学学习,获得博士学位。他1913年开始写书,1921年写出《人类的故事》,一举成名。李大钊在《史学与哲学》一文中,介绍了房龙的史学观点。他说:"万龙氏作有《人类史》一书。他的序文中有几句警语:'最善的点,乃在环绕吾们的光荣的过去的大观,当吾们返于吾们日常的事业的时候,与吾们以新鲜的勇气,以临将来的问题。'又说:'历史是经验的伟大楼阁,这是时间在过去世代的无终界域中建造的。达到这个古代建筑物的屋顶,并且得到那全部光景的利益,不是一件容易的事。除非青年的足是健强的,这事才能做到。此外,绝无人能登临。'"[1]《史学与哲

---

[1] 李大钊:《史学与哲学》,见李守常著《史学要论》,河北教育出版社,2000年,第241—242页。房龙《人类的故事》中文本是1925年商务印书馆出版的,译者沈性仁。李大钊这里的引述,盖是他自己翻译的。其原文为:"Best of all, the wide view of the glorious past, which surrounded us on all sides, gave us new courage to face the problems of the future when we had gone back to our daily tasks." "History is the mighty Tower of Experience, which Time has built amidst the endless fields of bygone ages. It is no easy task to reach the top of this ancient structure and get the benefit of the full view. There is no elevator, but young feet are strong and it can be done." 见"Foreword", *The Story of Mankind*, Foreign Language Teaching and Research Press, 2000.

学》是李大钊1923年3月至4月初在上海复旦大学的讲演记录，发表于1923年4月17日至19日的《新民意报》副刊《星火》。1924年李大钊出版《史学要论》，在最后一节《现代史学的研究及于人生态度的影响》论述史学的价值，其中的观点很明显吸收了房龙的思想，并有自己创造性的体验和发挥，他说："过去一段的历史，恰如'时'在人生世界上建筑起来的一座高楼，里面一层一层的陈列着我们人类累代相传下来的家珍国宝。这一座高楼，只有生长成熟踏践实地的健足，才能拾级而升，把凡所经过的层级、所陈的珍宝，一览无余；然后上临绝顶，登楼四望，无限的将来的远景，不尽的人生的大观，才能比较的眺望清楚。在这种光景中，可以认识出来人生前进的大路。我们登这过去的崇楼登的愈高，愈能把未来人生的光景及其道路，认识的愈清。无限的未来世界，只有在过去的崇楼顶上，才能看得清楚；无限的过去的崇楼，只有老成练达踏实奋进的健足，才能登得上去。"[1]

蒋梦麟在美国学习的是教育，获博士学位。1918

---

[1] 李守常：《史学要论》，河北教育出版社，2000年，第57页。

二、中美史学交流

年1月他担任北京大学代理校长期间,在《教育杂志》发表《历史教授革新之研究》,对美国新史学作了介绍,认为美国历史教学的宗旨有三条:第一,"教授历史当以学生之生活需要为主体也"。第二,"教授历史当以平民之生活为中心点也"。第三,"表扬伟人、政治家与科学家、发明家当并重"。[1]

何炳松在引进和介绍美国新史学方面做了很多工作,被誉为"中国新史学派的领袖"。何氏于1913年至1916年在美国威斯康辛大学、普林斯顿大学留学,研究方向为现代史和国际政治,受到美国鲁滨逊(J. H. Robinson,1863—1936)"新史学"的深刻影响。他1916年回国,先后在北京师范大学、北京大学、商务印书馆、大夏大学、光华大学、暨南大学等校任职,翻译了鲁滨逊的《新史学》及其欧洲史教本,此外还有亨利·约翰生的《历史教学法》、绍特维尔的《西洋史学史》等著作,在史学界产生了重要影响。何炳松为自己翻译的鲁滨逊《新史学》写了一篇《导言》,逐章介绍鲁滨逊的观点,并重点称赞了鲁滨逊的历史功

---

[1] 蒋梦麟:《历史教授革新之研究》,载《教育杂志》,商务印书馆,1918年。

用论:"研究历史的人,应该知道人类是很古的,人类是进步的。历史的目的在于明白现在的状况,改良现在的社会。当以将来为球门,不当以过去为标准。'古今一辙'的观念同'盲从古人'的习惯统应该打破的;因为古今的状况,断不是相同的。"[1]

在何炳松的带动下,鲁滨逊及其弟子的历史著作在民国时期被大量地翻译出版,如鲁滨逊的《心理的改造》、桑戴克的《世界文化史》、巴恩斯的《新史学与社会科学》、海斯的《欧洲近代政治社会史》等。美国新史学派的史学主张在中国得到了积极的回响,许多学者"以新史学派所主张者为最可信"。20世纪三四十年代出版的史学理论著作,如《史学概论》《史学通论》《史学方法论》《史学概要》等,大都程度不同地接受或引用鲁滨逊及其学派的观点,将之作为最新的史学理论成果。

学衡派的主要成员是留美生。他们在《学衡》热情地介绍美国白璧德的"新人文主义",如胡先骕的《白璧德中西人文教育谈》、梅光迪的《现今西洋人文

---

[1] 〔美〕鲁滨逊:《新史学·译者导言》,何炳松译,商务印书馆,1924年。

二、中美史学交流

主义》、吴宓的《白璧德之人文主义》等。学衡派与南高学派有比较紧密的联系,南高学派的史学思想受学衡派的影响,在对待中国传统史学、怎样处理中西史学的关系方面,均与学衡派有相同或相近的观点。

不仅留美生在中美史学交流中发挥了巨大的作用,美国的著名学者也亲自来华讲学或到中国访学。这也是中美史学交流的重要内容。杜威1919年4月底来中国,1921年6月底离开中国,在华时间是两年零两个月。在两年多的时间里,他不辞辛劳,频繁奔波,足迹遍及14个省市,作演讲200多场,广泛传播了实用主义哲学、政治学、教育学、伦理学。中国知识界对杜威及其实验主义给予了热情欢迎和高度评价,北京大学1920年7月还授予他荣誉博士,中国的学术官员和第一流学者高规格接待他。他不仅是他的弟子胡适等人的客人,更是五四时期中国新知识界的嘉宾。

美国众多著名的汉学家在民国时期来中国工作、学习过。这些汉学家或是来华传教士的后裔,或是在传教士创办的华文学校学习和任教,与中国渊源深厚。这些人包括博晨光(Lucius C. Porter, 1880—

1958）、恒慕义（Arthue W. Hummel，1884—1975）、富路特（L. Carrungton Goodrich，1894—1986）、芳亨利（Henry C. Fenn，1894—1978）、拉铁摩尔（Owen Lattimore，1900—1989）、白瑞华（Roswell S. Britton，1897—1951）、孙念礼（Nancy Lee Swann，1881—1966）、杨格（Carl Walter Young，1902—1939）、毕乃德（Knight Biggerstaff，1906—2001）、韦慕庭（Clarence M. Wilbur，1908—1997）、卜德（Derk Bodde，1909—2003）等等。新中国成立之后，他们回到美国，在美国各大学任教，成为美国汉学的中坚力量。

犹太裔美国人魏特夫（Karl August Wittfogel，1896—1988）于1935年6月以"太平洋学会"研究员身份来到中国，居留时间长达2年，与众多中国学者有交往[1]，他的著述在中国史学界也有一定的影响。魏特夫著有《觉醒的中国》《地理学批判》《中国经济与

---

[1] 据李孝迁研究，与魏特夫交往的学者有杜任之、冀朝鼎、陈翰笙、陶孟和、千家驹、王毓铨、陈啸江、陶希圣、鞠清远、连士升、冯家昇、胡适、洪业、邓之诚、顾颉刚、马乘风、黄子通、容庚、傅斯年、张荫麟、汤象龙、姚从吾、梁方仲、吴文藻、费孝通、瞿同祖等。参见氏著《域外汉学与中国现代史学》第五章《魏特夫与近代中国学术界》，上海古籍出版社，2014年。

社会》等。他的学术观点早在中国社会史论战时即引起中国学者的注意,在《新生命》《读书杂志》《食货半月刊》等刊物被介绍和评述。在华期间,他的著述受到更多的关注。1937年,魏特夫回到美国,入美国籍,主持"中国历史编纂计划"(The Chinese History Project),一些在美国留学的中国学生加入其工作团队,为其计划的实施做出很多贡献。[1]

费正清(John King Fairbank,1907—1991)是美国中国学界的一位重要人物。1927年,他进入哈佛大学,与英国汉学家查理·韦伯斯特(Charles K. Webster,1886—1961)过从甚密,接触汉学。从哈佛大学毕业后,费正清到英国牛津大学攻读博士学位,以《中国海关的起源:1850—1858》(*The Origin of the Chinese Maritime Customs Service*,1850—1858)为题撰写博士学位论文。为此,他1932年来中国,一面学习汉语,一面向中国学者求教,与中国学者蒋廷黻、胡适、金岳霖、梁思成、林徽因等均有比较密切的交往。1936年获得博士学位后,费正清担任哈佛大学历史系教授。

---

[1] 参见李孝迁《域外汉学与中国现代史学》,上海古籍出版社,2014年,第239—267页。

他大力倡导中国研究，并改变了美国之中国研究的方向。美国汉学是从欧洲转移过去的，一批移居美国的欧洲汉学家奠定了美国汉学的基础。美国高校设立汉学讲座、创建汉学研究机构是从19世纪70年代开始的，哈佛大学、耶鲁大学是较早开设汉学课程的高校。进入20世纪，中国的留美生加入了讲授汉语的师资队伍，如赵元任、梅光迪、陈受颐、王天目、李绍章等都曾在他们留学的大学讲授过汉语。

哈佛大学建立了东方图书馆，有的大学专门成立了东方研究系或东亚系，主要以研究中国文化为内容。如哈佛大学中国史教授加德纳就著有《中国旧史学》[1]一册。全书共七章：第一章"导言"，略述18世纪以来中国新史学之起源，及其发达之经过与影响；第二章"作史动机"；第三章"校勘学"；第四章"史料批评"；第五章"史之组织"；第六章"史之体裁"；第七章"史部之分类"。中国学者朱士嘉对该书有纠谬和批评，同时也作了一些肯定，说"著者以一人之力撰成此书，在东方学方兴未艾之美国，又多一种新著作，

---

[1] 该书由哈佛大学出版社1938年出版。

二、中美史学交流

其精神固自可钦。他日倘能更进而增补缺漏，订正谬误，俾此完善之书，则尤鄙人之所深望者也"[1]。

要而言之，经过几十年的建设，一支专业化的汉学研究队伍在美国业已形成。他们继承了欧洲汉学研究的传统，注重从中国语言文字入手，偏重研究古代历史和文化，较少关注现实中国，研究课题专业性强。此乃所谓美国的传统汉学。

然而，在哈佛大学，费正清认为传统的汉学研究过时了，已经不适应新形势新时代的需要了，批评传统的汉学家犹如语言的仆人，甚至奴隶。认为历史学家应将语言视为工具，为历史研究所用，而不是相反。他主张对中国的研究应重视文件档案，而不是像传统汉学家那样为语言的学习所束缚，应把对中国研究的重心从古代转移到近现代。他与他的中国助手邓嗣禹一起编了许多文件集，研究美中关系史、清史，并编写了教材。他与中国学者合作发表的《清朝的朝贡制度》《中国对西方的反应》，以及他的个人专著《美国

---

[1] 朱士嘉:《中国旧史学》，载《史学年报》第 2 卷第 5 期，1938 年 12 月。见李孝迁编校《近代中国域外汉学评论萃编》，上海古籍出版社，2014 年，第 428 页。

与中国》,都标志着他扭转美国的中国学方向的努力。太平洋战争爆发后,他受美国政府的指派,到重庆建立了学术资料服务处,任务是搜集日本的各种出版物,并进行分析和整理,然后分批送回华盛顿。这项工作使他与包括郭沫若在内的中国学者以及国共两党的高级官员多有接触,使他对中国的了解更加全面、更加深刻了。1946年,他回到哈佛大学,主持有关中国的区域研究项目。他在哈佛大学的支持和福特基金会的资助下创建了哈佛大学东亚研究中心,并出任主任,有力地推动了美国的中国历史研究。费正清建立了美国之中国研究的基本框架和范式,他是美国现代中国学的开拓者,著述勤奋,成果丰硕。尤其是在他的带领下,美国对现代中国的研究超过了欧洲,成为西方之中国学研究的领跑者。

需要关注的是,美国在中国创办的教会大学,在民国时期的中美史学交流中也占有重要的地位。这些教会大学包括燕京大学、金陵大学、齐鲁大学、上海圣约翰大学、华中大学、东吴大学、沪江大学、之江大学、岭南大学等。它们设立文史专业,聘中西籍教授,在学术研究的国际化方面有自己的特色。燕京

二、中美史学交流

大学校长司徒雷登（John Leighton Stuart，1876—1962）确立的办学目标是"将中西学识,熔于一炉,各采其长,以求多获益处"[1]。在他的努力下,1928年哈佛大学和燕京大学合作,成立了哈佛燕京学社,有力地推进了美国的中国学（包括汉学）研究。哈佛燕京学社也因此成为美国研究中国问题的重镇。

成立哈佛燕京学社的目的在于"从事及帮助有关中国文化的研究、教学和出版"。对中国文化的研究主要集中在文学、艺术、历史、语言、哲学和宗教史。"共同的任务在于激发美国人的兴趣和利用近代批评手段来鼓励在中国的东方问题研究。"[2]哈佛燕京学社的成立,为推动中美两国的中国文化研究、加强中美文化交流做出了贡献。对于美国的汉学研究来说,学社的成立起了极大的促进作用。首先,通过学社派遣,一大批美国的学者和研究生来华学习和学术考察,他们归国后成为美国汉学和现代中国学研究领域的佼佼者,是美国高校关于中国文化的学术带头人。其次,学社成立后,因总部设在哈佛大学,有利于促进哈佛

---

[1]〔美〕司徒雷登:《在燕大师生大会上的讲话》,1935年9月24日。
[2] 张寄谦:《哈佛燕京学社》,载《近代史研究》,1990年第5期。

的汉学研究。如哈佛大学在学社成立后聘请了欧洲汉学大师伯希和（Paul Pelliot，1878—1945）等到校讲学，在远东系增设新的有关中国文化的课程，购置了大量中文图书。于是，哈佛大学逐渐成为美国的中国问题研究中心。

三、中法史学交流

中法史学交流源远流长。18世纪的法国思想家伏尔泰在他的名著《历史哲学》(即《风俗论》)就盛赞中国史学:"如果一个民族最早的编年史证明确实存在过一个强大而文明的帝国,那么这个民族一定在多少个世纪以前早就集合成为一个实体。中国人就是这样一个民族,4000多年来,每天都在写它的编年史。"[1]1867年12月,中国史学家王韬自香港到英国考察,在英国生活两年多。1870年返回香港时,再次途经法国,与法国汉学家儒莲等进行学术交流。儒莲去世后,王韬撰写纪念文章《法国儒莲传》。王韬撰写的《法国志略》《普法战纪》等著作,是中国

---

[1] 〔法〕伏尔泰:《风俗论》,梁守锵等译,商务印书馆,2000年,第86页。

人走出国门结合亲身见闻所著的最早的法国史。20世纪初期,法国著名史学家基佐的文明史著作《欧洲文明史》《法国文明史》就通过日本传入中国,对中国的"新史学"思潮起了推波助澜的作用。民国时期,中国与法国人文学界有密切的联系。法国汉学发达,拥有世界一流的汉学家,几成欧洲的汉学中心[1],中国学者负笈留学法国者较多,他们回国后介绍法国的汉学家、法国的汉学成果,以及法国的史学著作,特别是史学理论和史学方法,对推动民国史学的发展具有重要意义。

法国的汉学研究之所以成就大,是因为:一、有一流的汉学家。二、有专门的汉学研究机构和教育机构,其汉学研究能够得以传承。三、汉学研究在

---

[1] 20世纪二三十年代陈垣多次说:"现在中外学者谈汉学,不是说巴黎如何,就是说日本如何,没有提中国的。我们应当把汉学中心夺回中国、夺回北京。"(郑天挺:《郑天挺自传》,见冯尔康、郑克晟编《郑天挺学记》,生活·读书·新知三联书店,1991年,第378页)方豪也说:"法国自诩为'汉学家之国',确是当之无愧的,因为在西方,法国对于汉学的成绩,实在坐了第一把交椅,并且使她成了欧洲研究汉学的中心。"(方豪:《英国汉学的回顾与前瞻》,见李孝迁编校《近代中国域外汉学评论萃编》,上海古籍出版社,2014年,第165页)

三、中法史学交流

法国的学术研究中受到尊重。雷姆萨（Abel Remusat，1788—1822）、儒莲（Stanishlas Julien，1797—1873）、考狄尔[1]（H. Cordier，1849—1925）等，都是19世纪法国著名的汉学家。20世纪初，沙畹（Edouard Chavannes，1865—1918）是成绩最大的汉学大师。法兰西学院设有汉学讲座，由最著名的汉学家担任讲习，培养汉学人才。沙畹1893年担任该学院汉学讲座教授，治学精深，领域宽广，著有《司马迁史记》《两汉时代之石画像》《北华访古录》《泰山志》《西突厥史料》《大唐西域求法高僧传译注》《中国佛藏中五百故事选》；撰有重要论文七八十篇，与伯希和（P. Pelliot）合著《中国摩尼教考》。沙畹之后，法国著名的汉学家有马

---

[1] 考狄尔生于美国，在法国接受的教育。1869年，他以外交官的身份来华。1881年，他担任法国东方现代语学校教授，并创办了著名的汉学刊物《通报》。其学术研究领域包括中国史地、法制、经济、外交等，所编《汉学书目》，在西方汉学界颇具盛名，被视为必备的工具书。此外，他还著有《中国与西洋各国外交史》《中国通史》（四本），以及《日本学书目》《安南学书目》等。

伯乐[1]（Henri Maspero，1883—1945）、葛兰言[2]（Marcel Granet，1884—1940）、伯希和（Paul Pelliot，1878—1945）。

关于法国汉学界的进步和成就，马伯乐在《五十年来之史学与史学家》（*Histoire et historiens depuis cinquante ans*）中说："来自欧洲的汉学家，为中国学者的权威所镇压，所以接受他们的学说，几于不敢稍有议论。但半个世纪以来，欧洲人也开始批评中国学者了。最先脱出中国见解的束缚的是沙畹（Ed. Chavannes），他采用了欧洲的语言学方法；和他大略同时的有孔好古，也离开了若干中国人的传统说法，尤其是关于古代史他应用了自由方法；洛弗尔（B. Laufer）则建立了真正合乎科学的中国考古学。欧洲人的这种治学方法，现在已影响中国人了。此种情形发展很快，欧洲方面的

---

[1] 马伯乐1918年继沙畹成为法兰西学院的汉学讲座教授，1936年被选为法兰西研究会会员，代表作为《中国上古史》，以及一批有创见的学术论文：《唐代长安方言考》《墨辩杂考》《汉前之中国天文学》《马援远征考》《古代白话文献考》。

[2] 葛兰言受教于沙畹和法国社会学派名家杜尔干（Emile Durkheim，1858—1917），亦从印欧比较语言学家梅业（A. Meillet，1866—1936）学习。

研究和东方学者的研究渐有相得益彰之势。"[1]

留法学者郭麟阁结合自己的见闻也作出中肯的评论:"在巴黎期间,我还认识了不少汉学家,如伯希和、马斯伯欧、葛拉内,向他们学习汉学知识。他们之中,有的研究中国哲学,精通《易经》;有的精通《诗经》《楚辞》和古代神话传说;有的钻研历史,精通《春秋》和《书经》;有的擅长诸子百家及唐宋八大家的散文;有的专研究《中国交通史》和丝绸之路,总之,五花八门,法国汉学真是丰富多彩,繁荣昌盛。跟他们在一起,耳濡目染,大大扩大了我的知识面和治学目光。我一生热爱中国学术,固然由于少年时代受北大名教授的教诲与熏陶,法国汉学家的影响,也有很大的关系。"[2]

伯希和在西方汉学界的影响超过沙畹,与中国学术界的交往更加密切。他生于巴黎,早年在越南河内的远东法兰西文学校读书和任教。1900年到中国专

---

[1] 转引自方豪《敬悼马伯乐先生》,见李孝迁编校《近代中国域外汉学评论萃编》,上海古籍出版社,2014年,第310页。

[2] 郭麟阁:《郭麟阁自传》,见巴金等著,王寿兰编《当代文学翻译百家谈》,北京大学出版社,1989年,第729页。

门学习汉语。1906年他组织中亚考察队赴新疆。1908年在敦煌千佛洞石室精选藏书六千卷，于次年带回法国，震惊世界。1911年法兰西学院为其特设中亚文化史地语言考古讲座。1925年，他担任了《通报》主编，执西方汉学之牛耳。伯希和精通多国文字，治学方法科学，论文著作富有创见。他除了与沙畹合著的《中国摩尼教考》外，还有《敦煌图录》六本、《伯希和中亚考查报告书》《塞努奇博物院之汉画》《元朝秘史之蒙文重造及译注》《马可波罗游记注译》等。1928年他被中国中央研究院聘为通信研究员；1930年、1936年他又两次来华，与中国学术界进行了广泛的学术交流。当时中国的一流学者对他的学术作了很高的评价，对他给予了热情的接待。由于他具有崇高的国际声誉，1935年、1936年英国剑桥大学、美国哈佛大学先后授予其名誉博士。

伯希和将其精选的敦煌典籍带到巴黎，有盗窃中国文物典籍之瑕疵。但他将这些典籍公藏，并制成微缩胶片向世人开放，却也促成了敦煌学的兴起和国际化。伯希和向西方世界介绍了中国学者及其成果。如他发表的《中国艺术和考古新视野》，就极力称赞罗振玉、王国维的研究成果。1916年,伯希和以外交官的身份被派到北京,与北京的中国学者交往频繁。1927年王国维逝世,他在《通报》发表《纪念王国维》。陈寅恪曾留学法国巴黎,回国后与伯希和多有往还,对法国汉学之成绩也颇赞许。陈氏研治中国史、中亚历史语言、蒙元史,甚至比较语言学,均注意参考法国汉学名著,特别是伯希和的著作。

除了陈寅恪,民国时期的诸多著名史学家都是留法出身,如李石曾、李宗侗、徐炳昶、冯承钧、裴文中、杨堃、李思纯、韩儒林、翁独健、邵循正、郭麟阁、黎东方、周谦冲、陈祖源、张世禄、王静如、陆侃如、李璜、侯外庐等。直接师承伯希和的有韩儒林、邵循正、翁独健等。韩儒林是北京大学的学生,1934年他进入巴黎大学,师从伯希和研究蒙古史、中亚史和中亚古文字。邵循正1926年入清华大学政治系,1930年入清华研究院改习历史,以《中法越南关系始末》为题撰写研究生论文,同时他也从学于陈寅恪研究蒙元史。1934年赴法兰西学院东方语言学院从伯希和等人学习蒙古史、古波斯文。翁独健1928年考取燕京大学历史系,受陈垣、洪业的影响,以蒙元史作为自己的研究方向。1938年,他考取巴黎大学,在伯希和指导下,研究蒙古史。1939年他回燕京大学史学系执教,开设"史学方法""辽金元史""中亚历史语言研究"等课程。韩儒林、邵循正、翁独健都是著名的蒙元史专家,他们直接受教于伯希和,学术成果丰硕,反映了伯希和学术对中国的影响。

冯承钧是留法生,在中西交通史方面贡献很大,他是法国汉学成果的积极引进者。他翻译沙畹、伯希和、马伯乐、勒维等大家的作品多达数十种,对民国学术界影响至伟。而对中西交通史做出重大贡献的张星烺,在他的名著《中西交通史料汇编》中翻译收录了考狄尔的中西交通史研究成果。杨堃对葛兰言的介绍,功劳很大。他的《葛兰言研究导论》[1],比较全面地评述了葛兰言的学术。裴文中1937年获巴黎大学博士学位,他是北京猿人头盖骨的发现者,在史前史及考古学方面,成就卓著。李石曾和他的侄子李宗侗都是留法出身,归国后均在北京大学等高校任教,在民国教育界和博物馆学界占有重要地位。李宗侗的《中

---

[1] 发表于《社会科学季刊》第1卷第3、4期,1942年;第2卷第1期,1943年。

国古代社会研究初稿》在民国学界曾经轰动一时,该书方法先进,借鉴了法国汉学家古郎士、杜尔干、夫勒则、葛兰言以及莫斯的方法和成果,运用了史语方法并有向社会科学方法途径上迈进之势。其对社会科学方法的重视,明显带有法国汉学的治学特点。

留法学生非常热心介绍法国汉学家的工作,是引进法国学术的重要使者。他们在国内学术刊物发表了大量文章,重要者有:陆侃如的《欧洲"支那学"家》[1],冯承钧的《沙畹之撰述》[2],方豪的《敬悼马伯乐先生》[3],陈定民的《纪念法国汉学家马伯乐教授》[4],雨堂的《汉学家法国葛兰言先生》[5],幼春的《法国支那学者格拉勒的治学方法》[6],翁独健的《伯希和教授》[7],李玮的《伯希和在远东学术研究上之贡献及其遗著简

---

[1] 载《河北省立女师学院周刊》,1937年5月10日,第244期,张愁言记。

[2] 载《大公报·文学周刊》,1931年3月30日,第168期。

[3] 载《大公报·文艺周刊》,1945年5月6日。

[4] 载《中法文化》,1946年,第1卷第7期。

[5] 载《新东方杂志》,1940年,第1卷第9期。

[6] 载《新月》,1929年10月10日,第2卷第8号。

[7] 载《燕京学报》,1946年,第30期。

目》[1]，叶茂的《法国的汉学家》[2]，禹扬的《法国的远东学院》[3]，颜虚心的《法国东方学之亚洲古代地理学》[4]，哲民的《法人关于东北之研究》[5]，高名凯的《葛兰言教授》[6]。此外，有的重要学术刊物也比较重视介绍法国对中国的研究成果，如《禹贡半月刊》发表的《法人对于东北的研究》[7]。非留法出身的学者对法国学者在本专业的影响也往往作出积极的回应。如文字学家罗常培发表的《伯希和对于中国音韵学研究的启示》[8]；民族主义思想比较强烈的傅斯年，针对国人对伯氏携走中国图书的责难，还为伯氏作了解释和辩护，发表了《伯希和教授》[9]。

　　梁启超是中国"新史学"的开山，20世纪初期他

---

[1] 载《大公报·图书周刊》，1948年，第49期。
[2] 载《西点》，1948年，第31期。
[3] 载《申报》，1931年8月18日。
[4] 载《东方杂志》，1941年，第38卷第19期。
[5] 载《行健月刊》，1934年，第4卷第6期。
[6] 载《燕京学报》，1946年，第30期。
[7] 田口稔著，刘选民译：《法人对于东北的研究》，载《禹贡》，1937年6月，第7期。
[8] 载《中山文化季刊》，1943年，第1卷第2期。
[9] 载《大公报》，1935年2月19、21日，第4版。

三、中法史学交流

发表《中国史叙论》《新史学》,拉开了中国现代史学的序幕。辛亥革命后,他参加了袁世凯政府、段祺瑞政府。北洋政府的黑暗令他失望。1918年,他退出政坛。该年冬,他与张君劢等人到欧洲考察,几乎走遍了西欧各国,而在法国居留的时间最久。这期间,他对法国的学术动态非常关注,请懂法语的朋友为其讲述法国学术界的情况,并虚心请教法国的史学理论。李宗侗说:"梁先生到欧洲去的时候,我恰好住在巴黎,他请了很多留法学生给他讲述各门的学问,恐怕史学方法论亦是其中之一。不过他另补充上很多中国的材料,但其原则仍不免受外国人的影响。"[1] 陈训慈在《史学蠡测》中说:"西史家于内校雠中此点考审甚精,如朗格罗之书详列十条及二十事,梁任公《中国历史研究法》中所举之若干条多有取于西说而加以融通者。"[2] 杜维运也说:"此时正值班汉穆、朗格诺瓦与瑟诺博司的史学方法最为盛行的时候,梁氏所请留法学生给他讲述的各门学问,史学方法是其中一项,应是不容置

---

[1] 杜维运:《西方史学输入中国考》,(台湾)东大图书公司,1981年,第298页。
[2] 载《史地学报》,1924年,第3卷第1期。

疑的。"[1] 他回国后，在天津南开大学担任讲习，在讲"中国历史研究法"时，曾感慨地说："五六十年以前欧人之陋于东学，一如吾华人之陋于西学，其著述之关于中国之记载及批评者，多可发噱。"并举出沙畹、伯希和、洛弗尔等法国学者的成果，认为"其于中国古物，其于佛教，其于中国与外国之交涉，皆往往有精诣之书，为吾侪所万不可不读。盖彼辈能应用科学方法以治史，善搜集史料而善驾驭之，故新发明往往而有也。"[2]

柏格森（Henri Bergson，1859—1941）的生命哲学对中国具有影响。柏格森没有来过中国。梁启超、张君劢访问欧洲时，在法国会见过他。缪凤林的《历史与哲学》、陈定谟的《认识论之历史观》对柏格森的生命哲学均有介绍和讨论。

李大钊在北京大学史学系开设的"唯物史观研究""史学思想史"等课程，重视法国史学家、思想家成果。特别是"史学思想史"课，他以欧洲近世重要

---

[1] 杜维运：《西方史学输入中国考》，（台湾）东大图书公司，1981年，第299页。

[2] 梁启超：《中国历史研究法》，见《饮冰室合集》专集之七十三，中华书局，1989年，第60页。

三、中法史学交流

史学家的思想说明历史观的变化和发展,从思想史上论述了唯物史观是科学的、进步的历史观。李大钊的《史学思想史》,由十二讲组成[1],八讲以研究史学家或哲学家的历史思想为标题,其中鲍丹、鲁雷、孟德斯鸠、孔道西、桑西门都是法国人。他对法国史学家和思想家给予了很高的评价。如评价鲍丹说:"鲍丹的新历史观,在史学上的贡献,如此其大,我们不能抹煞他的伟大的功绩,而于研索唯物史观起原(源)的时候,尤不可遗忘了此人。"[2]评价鲁雷:鲁雷对于"史学上的贡献,有三要点,全与鲍丹相同。就是一、世界未曾退落;二、现代不劣于古典的古代;三、全世界的人种正在形成一个世界共和国(Mundane republic)"[3]。评价孟德斯鸠:"历史行程,全为普遍原因所决定,全为广布而永存的倾向所决定,全为广而深的潜流所决定;

---

[1] 十二讲的题目是:一、史观;二、"今"与"古";三、鲍丹的历史思想;四、鲁雷的历史思想;五、孟德斯鸠的历史思想;六、韦柯及其历史思想;七、孔道西的历史思想;八、桑西门的历史思想;九、马克思的历史哲学与理恺尔的历史哲学;十、唯物史观在现代史学上的价值;十一、唯物史观在现代社会学上的价值。按:现人名翻译与李大钊有所不同。

[2] 李大钊:《李大钊史学论集》,河北人民出版社,1984年,第85页。

[3] 李大钊:《李大钊史学论集》,河北人民出版社,1984年,第87页。

而为单独的事变，有限的议论，特殊的制定，任何偶然的、孤立各个事物，所影响者，实微乎其微，只在次副的附属的程级而已。这是一个开一新纪元的原则。此原则的承认，是历史科学可能的一个根本的条件。""孟氏以其透辟的观察，澈悟此原则；以其后来未或能越过的天才与诚实表明之，于历史科学实为一崇高的贡献。"[1]评价孔道西："自孔道西依着器械论的典型想把历史作成一科学，而期发见出一普遍的力，把那变幻无极的历史现象一以贯之，更进而开了唯物史观的端绪。故孔道西可以算是唯物史观的开创者。"[2]评价桑西门："他于是确立一种历史的法则，认历史过程，惟有经由产业组织的变化，才能理解；将来的社会，亦惟依产业发达的倾向，才能测度；这就是他的经济的历史观。后来承此绪余而建立唯物史观的学说者，厥为马克思。"[3]在李大钊的著作中涉及如此众多的法国史学家，说明了法国学术界的思想资源对中国马克思主义史学的产生亦具有一定的影响。五四运动期间，

---

[1] 李大钊：《李大钊史学论集》，河北人民出版社，1984年，第103页。
[2] 李大钊：《李大钊史学论集》，河北人民出版社，1984年，第152页。
[3] 李大钊：《李大钊史学论集》，河北人民出版社，1984年，第125页。

三、中法史学交流

中国留法勤工俭学者甚多，出现了众多的著名的马克思主义者和革命家。有的革命家在史学领域也有突出的贡献，如蔡和森著有《社会进化史》，该书运用恩格斯的《家庭、私有制和国家的起源》以及达尔文的社会进化论来论证社会发展的必然规律，宣传唯物史观的基本原理，是中国人以马克思主义唯物史观写成的第一部社会发展史。侯外庐1927年远赴法国，一边学习法语、德语，一边研究和翻译《资本论》。他在法国留学3年，回国后继续翻译《资本论》，同时运用马克思主义研究中国社会史、中国思想史。侯外庐在民国时期运用马克思主义研究中国社会的特殊性，在建设具有中国特色的马克思主义史学方面具有自己特有的贡献[1]。郭沫若在日本期间的学术研究受到法国汉学家的关注。他与马伯乐似乎有交往，在《答马伯乐先生》中说"时每听见朋友们说格拉南先生的方法和我的很相近"[2]。此处的"格拉南先生"是葛兰言。

---

[1] 白寿彝：《外庐同志的学术成就》，见《白寿彝史学论集》（上），北京师范大学出版社，1994年，第414页。

[2] 郭沫若：《答马伯乐先生》，见《沫若近著》，上海北新书局，1937年，第60页。

民国时期，法国的史学理论对中国产生了重要影响。留法学生翻译了法国一些具有世界影响的史学理论和史学方法的著作。如李思纯译，朗格诺瓦、瑟诺博斯著的《史学原论》，由商务印书馆于1926年出版；黎东方译、施亨利著的《历史之科学与哲学》，由商务印书馆于1930年出版；青锐译、拉波播尔（Charles Rappoport）著的《历史哲学》，由辛恳书店于1932年出版。下面评述一下这几部著述。

朗格诺瓦（C. V. Langlois，1863—1929）与瑟诺博斯（C. Seignobos，1854—1942）都是法国著名的历史学家。朗格诺瓦曾任巴黎大学历史学教授、法国档案局局长，提倡以科学方法编纂历史。他在法国政治史、文化史、社会史方面有深入的研究，撰有多种专著。瑟诺博斯也曾任巴黎大学教授，具备多门社会科学知识，在法国和欧洲近代政治史研究领域很有成就，著述多种，有丰富的治学经验。《史学原论》是作者总结自身历史研究的实际经验，吸取德国著名史家伯伦汉（Ernst Bernheim，1850—1942）《史学方法论》中的史学观点撰著而成，其中对史学方法的论述尤其细致。全书由上、中、下三篇组成，依次为"初基知识""分析工作""综合工作"。每篇分为若干章。上篇"初基知识"包含两章,依次是搜集史料、辅助之科学。中篇"分析工作"共八章,分两部,八章连续排序,即第一章历史知识之概况;第一部外形鉴定(校雠考证鉴定),包含四章,依次为第二章原本文字鉴定、第三章制作原始鉴定、第四章史料之类分整理、第五章校雠考证与校雠考证家;第二部内容鉴定,包含三章,依次为第六章命意释意鉴定(解经鉴定)、第七章忠实与精确之反面鉴定、第八章特件事实之个别研究。下篇"综合工作"分为五章,依次为第一章历史构造之概况、第二章事实之汇聚分组、第三章构造之理想推度、第四章构造之大体编成、第五章史文造作。最后是"结论"、附篇。附篇一:法兰西中等历史教育,附篇二:法兰西高等历史教育。李思纯在"译者弁言"中对该书的基本情况作了简单的介绍,说:"朗氏法兰西国家藏书楼主任,瑟氏巴黎大学历史教授也。是书以一八九七年八月出版于巴黎。书虽稍旧,然远西后出谈历史方法之书尚未有逾此者。"[1] 同时，李思纯还通过与中国传统治史方法的比较，评述了该书的价值。他从"史料之搜集""校雠考证""记载之真实""论历史之鹄目"等几个方面，将中国古代史学批评家刘知幾、章学诚的观点与《史学原论》进行对比，找出他们的共同性。又列举了《史学原论》中有而刘、章未备的治史方法，指出："本书上篇第二章所讨论历史家辅助科学，与其解识古文鉴别古器之法。中篇第二章所论鉴别同型副本，有二个抄本相同，或多数抄本相同者，当如何鉴别是非。又多数抄本彼此传抄者，当如何排列其宗支谱牒，以察其所由转变之迹。第三章所论侦察两种史料同事抄袭之弊。第四章所论整理史料时，所用单页零简之活动纸片法。第五章所论校雠考证家之专业情形。第六章所论古今史料文字因时地而意义变迁之状况。第八章所论考察相符合之史料是否确相符合，与历史中之鬼物妖异问题，及历史学当服从一切自然科学规律之理由。下篇第二章所论社会

---

[1] 〔法〕朗格诺瓦、瑟诺波斯著，李思纯译：《史学原论·译者弁言》，见王东、李孝迁主编《历史研究法二种合刊》，上海古籍出版社，2018年，第3页。

事实联带之因果。第三章论理想推度之道。是皆刘、章二氏所未发也,是皆《史通》与《文史通义》《校雠通义》中之所未及也。"[1]

《史学原论》对民国史界的历史研究产生了影响。如张荫麟1925年发表的《评近人对于中国古史的讨论(古史决疑录之一)》[2],就根据《史学原论》中的论默证法功能及其限制立论,批评顾颉刚方法上的根本谬误在于滥用默证法。

瑟诺波斯还著有《社会科学与历史方法》,是张宗文翻译的,由大东书局于1930年出版。

留美出身的何炳松,1930年编著了《通史新义》,吸收了瑟诺博斯的史学理论。何炳松说:"本书凡分两编。上编计分十章,专论社会史料研究法,凡史料考订与事实编比之理论及应用,均加以系统之讨论。下编计分十一章专论社会史研究法,凡社会通史之著作及其他种历史之关系,均加以浅显之说明。同时对于其他各种似而非是偏而不全之义例,亦复随处加

---

[1] 〔法〕朗格诺瓦、瑟诺波斯著,李思纯译:《史学原论·译者弁言》,见王东、李孝迁主编《历史研究法二种合刊》,第6—7页。
[2] 该文原载《学衡》,1925年,第40期。收入《古史辨》第二册。

以相当之估值。卷首并有详密之目录，读者可开帙求之。""至于本书所述之原理十九采自法国名史塞诺波所著《应用于社会科学上之历史研究法》一书。著者虽略有疏通证明之功，终未敢掩袭他山之美。"[1]

《历史之科学与哲学》的作者施亨利（Henri Sée, 1864—1936），是法国著名历史学家、勒恩大学教授，终身埋头于学术工作，在经济史的研究方面成就卓著，是法国经济史学的先驱者之一。他有很多思想史、历史理论方面的著述。

《历史之科学与哲学》共有八章，第一章至第四章叙述以往在历史哲学上有代表性的几位欧洲学者如孔德、古尔诺等人的观点，夹叙夹议，在议论中阐发自己的历史观点。第五章至第八章则是专论，依次为"历史科学论""历史的比较方法""历史中的进化观念""我们能否有一种科学的历史哲学"，系统阐明作者自己的主张。

关于孔德的历史理论，该书认为，孔德历史观的重要特点是明确提出历史是有其必然性发展规律的，人类社会的未来发展是可以预见的。关于历史的发展，

---

[1] 何炳松：《通史新义·自序》，上海书店，1992年。

三、中法史学交流

孔德提出了"三时期律"——神学哲学时期、玄学哲学时期、实证哲学时期。孔德认为，意识、知识在社会发展中居于决定性地位，所以孔德将哲学思想作为历史分期的标志。与孔德一样，施亨利也是倡导实证主义哲学的，故他认为实证哲学代表着历史的高级阶段。

关于古尔诺的历史思想，该书阐明古尔诺不承认历史学是科学、不承认历史存在着发展规律的观点及其论据，对古尔诺关于偶然事件及个人作用的分析作了详细介绍，并且颇表赞同。作者特别高度评价古尔诺对历史哲学是历史学的延长，而含有批评性质的看法，认为这是历史学一大进步，甚至影响及于历史方法。

关于历史学的性质，施亨利说，历史没有物理、化学那样的定律，这是因为历史不能确切找出事实间的数量关系，又不能靠实验和直接的观察来进行验证已取得的认识。那么历史学是否因此就不是一门科学？他说，历史学还是可以成为一种科学的。历史学虽然不能奢求找到定律，但能够解释历史现象。他认为能够对历史现象进行解释就可称之为科学，不能把是否有定律作为一门学科是否科学的唯一标准。

该书还论述了比较方法在历史研究的意义。他说，比较方法在论及有关进化的各科学中用处最为广泛，在历史学中也有最大的效用。对不同空间的历史现象进行比较研究，能够认清许多共同特点，有利于搞清历史变化的原因；对不同时代的历史现象进行比较研究，对深入认识历史现象也非常有益。

拉波播尔（Charles Rappoport）的《历史哲学》包含八章，依次为：一、什么是历史的法则；二、历史哲学的性质与可能；三、学理与方法；四、历史中支配因子的理论；五、个人在历史上的作用；六、主观的方法；七、政治思想的进化；八、马克思主义的哲学。该书也是民国时期西学汉译书籍中的一部，对当时研究世界历史和各国历史学提供了很多的参考。

对于法国年鉴学派，民国史家似乎介绍不多，然留法学生杨堃在1948年写的《论"中国社会史"问题》曾提到过。他说："回忆二十年前，余在巴黎，从莫斯（Marcel Mauss）与葛兰言（Marcel Granet）两教授习社会学、民族学与中国文化史，又在《社会学年刊》（*L'Année Sociologique*）与《历史综合评论》（*Revue de Synthèse Historique*)两刊物内,得读法国社会学家与史学家之论战及其后二者合作之方式,使余颇有感动。"[1] "若再看四十年前,法国史学家与社会学家相处的情况,那原是先经过几年的论战时期(约自一九〇〇至一九〇五),然后始进入于合作的时期。而白尔(Henri Berr)先生所主编的《人类演化丛书》(*Collection de L'évolution de L'humanité*),即是那种合作的结果。今该丛书已早成为世界著名的人类文化史与人类社会史丛书中的权威,它不仅完全译成英文,而且内有几种,如《从民族到帝国》(黎东方译)、《种族与历史》(董希白译)等,在中文内,亦已有了译本。"[2]

法国年鉴学派的治史理论在民国年间没有在中国得到传播、产生重大影响,这是非常令人遗憾的。

法国的天主教也参与了天主教在华创办学校的活动。天主教在华创办的教会学校数量很多,但中小学占绝大多数,高校在全国仅有三所,分别为上海震旦

---

[1] 杨堃:《论"中国社会史"问题》,见李孝迁编校《中国现代史学评论》,上海古籍出版社,2016年,第444—445页。

[2] 杨堃:《论"中国社会史"问题》,见李孝迁编校《中国现代史学评论》,上海古籍出版社,2016年,第445—446页。

大学、天津工商大学和北京辅仁大学,其中与法国传教士有关者为前两所。震旦大学创建的促成者是梁启超和蔡元培,创立者为马相伯。

中法大学和中法汉学研究所的创建,也是中法文化交流史上的重要事件[1]。中法大学成立于1920年,是在民国初年李石曾、蔡元培等人组织发起的留法俭学会[2]与法文预备学校和孔德学校的基础上组建的。最初设在西山碧云寺的法文预备学校扩充为文理两科后,改称中法大学西山学院,是为该大学创建之始。中法大学的创办者具有留法背景,经费与法国退还庚子赔款也有一定的关系。但它是中国人独立创办的大学,依据中国学制,吸取了法国学制之长,在办学机制方面效仿法国的教育体制,如设立附属中学、附属

---

[1] 相关研究成果,参考葛夫平《中法文化教育合作事业研究(1912—1949)》,上海书店,2010年;李孝迁《域外汉学与中国现代史学》,上海古籍出版社,2014年。

[2] 1915年,李石曾、蔡元培在法国组织勤工俭学会,提倡"勤于做工、俭于求学",旨在让更多的普通中国人通过半工半读的方式达到留学的目的。1916年,"华法教育会"成立。在其组织下,1919年至1920年间,先后有20批1700多人到法国留学,形成了勤工俭学的高潮。其中一些热血青年,如周恩来、邓小平、陈毅等,深受马克思主义影响,投身政治活动,后来成为中华人民共和国的政治领袖。

三、中法史学交流

小学之类。1921年,在法国里昂成立中法大学海外部,称为里昂中法大学,同年,又在比利时设立晓露槐工业专修馆。中法大学所设立的孔德学院、服尔德学院、居里学院、陆莫克学院等,都是以法国著名的哲学家、文学家、物理学家、生物学家的名字命名的,很显然具有法国教育的特色。该校聘请了较多的法籍教授。中法大学创始人抱高远之理想,以求在中国实行一种新教育。因法兰西人之理想与中国的理想多有契合,遂有意识地取法国教育制度为蓝本,参酌国情而融会中外。中法大学及里昂中法大学在民国时期为中国培养了大量的人才。1927年8月奉系军阀控制的北京政府及1928年8月南京政府实施的大学区制,其实是对法国大学区制度的借鉴。这与曾经留学法国的蔡元培、李石曾等人赞赏法国高等教育设置的理念有关。大学区制由于忽视了当时中国高等教育的历史和现状,受到北京大学的强力抵制,至1929年7月被停止实行。

中法汉学研究所成立于1941年10月。该研究所以法国人担任所长和研究所理事长,聘请中、法学者研究中国文化。研究所设立民俗学组、历史语言组、通检组，经常举行学术讲演，介绍中外汉学研究新成就以及法国著名的汉学家；举办展览会。研究所对培养法国汉学人才做出了重要贡献，韩百诗、康德谟、石泰安、于儒伯、李嘉乐等法国著名汉学家都曾在研究所学习过。曾任巴黎大学北京汉学研究所董事会副会长的戴密微说："法国新一代的多名汉学家都曾在北京汉学研究所受到了培养。"[1]研究所对中国学者也有助益。抗日战争期间，它保护了一批中国学者，使他们能够摆脱日伪的控制，在相对自由安定的环境中继续进行研究工作。

---

[1]〔法〕戴密微:《法国汉学研究史》，见戴仁主编，耿昇译《法国当代中国学》，中国社会科学出版社，1998年，第44页。

四、中德史学交流

中德史学交流与传教士有很深的关系。有的传教士到中国,虽抱着传教的目的而来,却被中国文化所吸引。他们热情地学习中文和中国传统经典,把中国的经典名著译成西文,传到西方,成为中学西渐的重要桥梁。德国人卫礼贤就是这样一位传教士。卫礼贤本名理查德·威廉(Richard Wilhelm,1873—1930),礼贤是他到中国后所起的中文名字。卫氏在学生时代是歌德的崇拜者。歌德对中国文化的赞美,深深地影响了他,成为他研究中国文化的启蒙者。1899年,卫礼贤响应德国同善会的征召,加入了到中国传教的队伍。这年,他来到还是一个荒芜小渔村的青岛。他在中国生活了25年,其间,他不仅精通了中文,而且将大量的中国古典名著译成德文。这些名著包括《道德经》《列子》《庄子》《孟子》《大学》《易经》《吕氏春秋》《礼记》等。他的译文准确、顺畅、典雅,在德国和西方广受欢迎。特别是他花费10年的时间精心译成的《易经》,又被转译成英、法、荷兰、西班牙、瑞典、丹麦等多国文字,享誉西方世界。他创建了中国学会(China-Institute),向德国公众推介中国的文学、艺术、哲学。1929年,他回到德国,担任法兰克福大学的汉学教授。

德国也有一批学养深厚的汉学家,他们中有的虽然是外交官出身,但在中国历史研究、中国哲学史研究方面,成就卓著。如福兰阁(Otto Franke,1863—1946)1888—1901年先后在德国驻北京、天津、上海使领馆工作,后长期执教于汉堡大学、柏林大学,代表作有《中国通史——它的起源、它的性质和它的一直到现在的进化》《孔教教义与中国国教历史的研究》等,对中国儒家文化有深度的理解。佛尔克(Alfred Forke,1867—1944)的经历与福兰阁相似,也是先做外交官,后回国担任大学教授。他有三卷本的《中国哲学史》,研究古代、中古、近代中国哲学。他翻译过《墨子》《论衡》,对促进中德哲学交流发挥了重大作用。此外还有以《中国与罗马的东方》而著名的夏德（Friedrich Hirth，1845—1927），以《东亚、中亚语言文字》而著名的米勒（F. W. Müller，1863—1930）等等。他们的学术声望都超出德国国界以外，而成为欧洲有名的东方学者。这些汉学家不仅潜心研究中国的古典学问，而且对中国近世乃至当代学术非常关注。姚从吾在《德国佛朗克教授对于中国历史研究的贡献》一文中说："（佛朗克）教授不但对于我国历史研究著述宏富，并且很关怀我国近数十年来的维新变法的文艺复兴运动。新出名著如胡适之先生的《中国哲学史大纲》、梁启超先生的《先秦政治思想史》、陈援庵先生的《中西回史日历闰朔表》、张星烺先生的《中西交通史料汇编》等，都有很恳切的评文或口头的介绍。"[1]

德国史学在民国时期对中国史学影响最大的还是兰克学派。中国人对于兰克及其学术的认知最早是通过日本获得的。兰克的再传弟子路德维希·利斯（Ludwig Riess，1861—1928）1887年被日本东京大学聘为史学科教授，他在东京大学和早稻田大学教授"史

---

[1] 姚士鳌：《德国佛朗克教授对于中国历史研究的贡献》，载《新中华》，1936年，第4卷第1期。

学方法论"课程,宣传兰克史学,对日本史学的近代化、专业化产生了很大影响。19世纪末20世纪初,中国的留日学生在吸纳日本史家的思想时,也间接地接纳了兰克史学思想。1900年,王国维为箕作元八、峰山米造合著的《欧罗巴通史》作序时,就提到了兰克,说箕作元八、峰山米造所著《西洋史纲》,"盖模德人兰克(Ranke)氏之作,以供中学教科之用者"[1]。从而向国人传播了兰克的信息。20世纪初,一些书刊社出版了一定数量的西洋史著作,它们要么是翻译之作,要么是编译之作,或是世界史类的教科书,其中往往有对西洋史学、史家的评述,兰克就经常被提到。如1901年金粟斋出版的《西洋史要》说德国史家兰克、特赖奇克"皆以泰斗见称"。其他像1902年杭州史学斋发行的《西洋历史》,1902年敬业学社出版的《欧洲历史揽要》,1902年作新社编译的《万国历史》,1903年开明书店译刊的《世界史要》,1903年上海通社出版的《世界通史》,1905年湖北法政编辑社编译的《西洋史》,1906年梁焕均编的《西洋历史》等,都对兰克

---

[1] 王国维:《欧罗巴通史序》,见谢维扬、房鑫亮主编《王国维全集》第14卷,浙江教育出版社,2009年,第4页。

四、中德史学交流

有介绍[1]。鲁迅1907年写的《科学史教篇》,内中提到的"阑喀"就是德国历史学家兰克(Ranke)[2]。

1908年《学报》刊载的《百年来西洋学术之回顾》被认为是清末对兰克的评述"中文文献中最为详实的一篇文字"[3]。其中说道:"逮数十年而有兰该(Leopold von Ranke)。兰该,世界史学界之泰斗也。……以其明确的头脑,遍览奇书珍籍。……指实证谬,功最高焉……此后氏乃专研史学,未几,著《罗马教皇史》《宗教改革时代之德意志史》等书。补普鲁士修史官,旋又作《普鲁士史》,名益高。一八六五年,列于贵族。氏曾不自满,研学精神,老而弥笃,复以数年之力作《世界史》。此书氏八十一岁时始起草,一生精神之所结果,此书实其最大者也。要之,氏之史学,其特长有四:搜集之勤一也,宅心之公二也,学识之高三也,

---

[1] 参见李孝迁《西方史学在中国的传播》,华东师范大学出版社,2007年,第294—295页。

[2] "阑喀曰,孰辅相人,而使得至真之知识乎?不为真者,不为可知者,盖理想耳。"见《鲁迅全集》第1卷,人民文学出版社,2005年,第29—30页。

[3] 李孝迁:《西方史学在中国的传播》,华东师范大学出版社,2007年,第296页。

断案之确四也。有兹四长，而兼有流畅、锐达、活泼、明易之文以行之，其独步千秋，宜哉。"[1] 该文对德国其他史学家也有评述，如特赖奇克、蒙森、尼布尔、罗伦次、勒次、德尔布留克、兰普勒希特、伯伦汉等。据李孝迁考证，该篇文章论史学部分，实译自日本濑川秀雄的《西洋通史》第四编相关章节[2]。这表明在20世纪初期，中国对德国史学的认识，日本是一个重要渠道。民国时期，南高学派的学者对兰克有一定的介绍，如陈训慈说："明谓史为科学者，则自德人Ranke。"[3] 徐则陵认为"'根据之学'（Documentary 乃Science）自有其不朽之精神，本此精神以号召史学界者，自德之朗开氏（Ranke, 1795—1886）始"[4]。张其昀也说："西洋史家之著作，有能重科学之精神，用批评之方法起自最近六七十年，当道咸之际。开其端者，

---

[1] 《百年来西洋学术之回顾》，载《学报》，1908年6月，第11号。

[2] 参见李孝迁《西方史学在中国的传播》，华东师范大学出版社，2007年，第295页。

[3] 陈训慈：《史学观念之变迁及其趋势》，载《史地学报》，1921年，第1卷第1期。

[4] 徐则陵：《近今西洋史学之发展》，载《史地学报》，1922年，第1卷第2期。

四、中德史学交流

德史家朗凯（Ranke，1795—1886）是也。"[1] 留德出身的陈寅恪对兰克亦推崇有加。据他的学生回忆，他"在黑板上书写了好些西方历史学家的外文名字，记得其中有被誉为欧洲近代史学之父的德国考据学派史家兰克（Ranke）以及英国剑桥学派史家阿克顿（Acton）"[2]。

其实，兰克史学在中国的影响，更多的是通过他的再传弟子伯伦汉的《史学方法论》产生的。兰克的原著在民国时期被介绍和评论的并不多，但伯伦汉的书被翻译过来了；《史学方法论》中译本出版之前，就出现了不少对该书的评论，说明读懂该书原版的学者已经非常关注它了，并下功夫研读，掌握了其内容。傅斯年1929年在北大史学系讲授《史学方法导论》，对《史学方法论》很重视参考。该讲义凡七讲，第四讲为史料论略。他指出："史料学便是比较方法之应用"，"处理每一历史的事件，每每取用一种特别的手段，这手段在宗旨上诚然不过是比较。"[3] 伯伦汉《史学

---

[1] 张其昀：《古书新评：读〈史通〉与〈文史通义〉〈校雠通义〉（续）："刘知幾与章实斋之史学"》，载《史地学报》，1922年，第1卷第4期。

[2] 李坚：《陈寅恪二三事》，载《民国春秋》，1990年，第5期。

[3] 傅斯年：《史学方法导论》，见欧阳哲生主编《傅斯年全集》第2卷，湖南教育出版社，2003年，第309页。

方法论》也非常重视比较法,说比较法"不仅可使人求得总共之处,且可用以决定个别事物,知其与他事物间之相同及相异者何在"[1]。1945年傅斯年在《史料与史学》"发刊词"中说:"本所同人之治史学,不以空论为学问,亦不以'史观'为急图,乃纯就史料以探史实也。史料有之,则可因钩稽有此知识,史料所无,则不敢臆测,亦不敢比附成式。此在中国,固为司马光以至钱大昕之治史方法,在西洋,亦为软克、莫母森之著史立点。"[2] "历史本是一个破罐子,缺边掉底,折把残嘴,果真由我们一整齐了,便有我们主观的分数加进去了。"[3] 因此,香港学者许冠三评论傅氏说:"以西方名家言,他最推崇的是德人软克(Leopold von Ranke,1795—1886)和莫母森(Theodor Mommsen,1817—1903)。"[4] 由此可见,傅斯年遵循兰克史学的精

---

[1] 〔德〕伯伦汉:《史学方法论》,陈韬译,商务印书馆,1937年,第133—134页。
[2] 欧阳哲生主编:《傅斯年全集》第3卷,湖南教育出版社,2003年,第335页。
[3] 傅斯年:《评丁文江的〈历史人物与地理的关系〉》,见欧阳哲生主编《傅斯年全集》第1卷,湖南教育出版社,2003年,第428页。
[4] 许冠三:《新史学九十年》上册,香港中文大学出版社,1986年,第214页。

神，而用伯伦汉的史学方法予以实施。傅斯年研究专家王汎森整理傅斯年个人藏书时发现：傅氏并没有一本兰克著作，但所藏伯伦汉的《史学方法论》封皮已经破损，1937年傅氏对之重装[1]。

伯伦汉的《史学方法论》由陈韬翻译，商务印书馆1937年出版。伯伦汉还有一本《历史学导论》，盖是其《史学方法论》的节本。留德出身的姚从吾、孔繁霱、张贵永都很推崇伯伦汉，在课堂上热情地讲授其史学方法。姚从吾（1894—1970），河南襄城人，

---

[1] 王汎森：《傅斯年：中国近代历史与政治中的个体生命》，生活·读书·新知三联书店，2012年，第69—70页。王汎森、杜正胜编《傅斯年文物资料选辑》（台湾"中央研究院"历史语言研究所1995年版）有一张傅斯年所藏伯伦汉著的书之原版书影，并作说明："图为傅斯年所藏的伯伦汉（Ernst Bernheim）的《史学方法论》（Lehrbuch der historischen Methode und Geschichts-philosophie），扉页写着'一九三七年重装'。此书为兰克学派在方法论及资料处理等方面精华的积累。"（第51页）按：该书影显示，傅氏藏书书名为 Einleitung in die Geschichtswissenschaft（应译为《历史学导论》），与 Lehrbuch der historischen Methode und Geschichts-philosophie（该书被译为《史学方法论》并不准确，应译为《史学方法论与历史哲学》）不是一本书，而是后者的改写本。王、杜的说明有误。李孝迁所作《伯伦汉〈史学方法论〉以及在东亚的知识旅行——代前言》亦指出这一点，见伯伦汉著，陈韬译，胡昌智、李孝迁整理《史学方法论》，上海古籍出版社，2018年，第40页。尽管如此，但由此可证傅斯年深受伯伦汉《史学方法论》的影响，还是能够成立的。

北京大学史学系毕业,1922年经北京大学考选,到德国柏林大学留学,1934年回国,任教于北京大学、西南联合大学等。他在北京大学开设过"历史研究法",在辅仁大学等学校开设过"历史学原理"课程。其课程内容主要是:1.历史学的性质与任务。2.史源学(或史料的研究,为本课主要部分)。3.历史学的辅助科学和历史学与其他社会科学的关系。4.欧洲近代通行的几种历史观。他说:"在德国自尼博尔(B.C. Nibuhr)、栾克(L. Ranke)以后,史学家对史料的来源、记载、口传与古物的分别,清清楚楚,一毫不苟。对于记载是原型抑或副本(外部的批评),著作人是否愿意报告实事(内部的批评),都是慎加选择,宁阙疑,不愿轻信。""班海穆是现代历史学界兼讲方法与理论的开山大师。许多关于历史学的至理名言,和近代历史学演进的大势,都可从他的这部著作中,得识概要,他的这部书流行既广,国际的地位也很高。"[1] 由于他对中国传统史学也比较了解,故在接受西方史学方法后能够作出比较研究和论断。他说:"所谓乾嘉朴学,

---

[1] 姚从吾:《欧洲近百年来的历史学》,载《中央日报》副刊《文史》,1936年12月6日,第5期。

是朝夕挂在嘴上的。到德国后,情形大变了,始而惊异,继而佩服。三年之后渐有创获,觉得 Ranke(兰克)及 Bernheim(班海穆)的治史,实高出乾嘉一等。他们有比较客观的标准,不为传统所囿,有各种社会科学自然科学的启示、指导,可以推陈出新,他们很有系统的、切实的、客观的治学方法,他们有意想不到的设备,意想不到的环境,合理的人生观,与合理的社会生活。"[1]

孔繁霱(1894—1959)先是留学美国,在芝加哥大学获得硕士学位后,又赴德国柏林大学研究院深造,研究欧洲中古史。回国后在北京大学、清华大学任教。张贵永是清华大学的学生,受孔繁霱的影响,赴德留学,师从赫尔曼·昂科(Hermann Oncken)学习外交史,取得博士学位,其博士论文研究的是弗里德利希·冯·荷尔斯坦因(Friedrich v. Holstein)的外交政策[2]。但他与兰克史学的传人梅尼克(Friedrich

---

[1] 李长林:《辛勤耕耘在史学教学与研究园地的姚从吾先生》,载《中国史研究动态》,1999年,第6期。

[2] 参见张一博《张贵永与德意志历史主义在民国时期的传播》,载《河北学刊》,2019年,第4期。

Meinecke，1862—1954）有交往，深受其影响。张贵永回国后，在中央大学任教，讲授兰克学派的史学方法论。特别是伯伦汉的《历史学导论》，是他授课的主要依据[1]。

不仅留德生重视讲述兰克、伯伦汉的史学方法，民国时期的一些史学理论著作也重视引用他们的著作。如朱谦之的《历史哲学大纲》、卢绍稷的《史学概要》、杨鸿烈的《史学通论》、陆懋德的《史学方法大纲》等，都多次介绍和引用伯伦汉的著作。

兰克史学是德国19世纪的史学主流，但到20世纪它就受到以卡尔·兰普勒希特（Karl Lamprecht，1856—1915）为代表的新史学之挑战。20世纪上半期，新史学代表了德国史学的新趋向。美国的新史学也是源自德国。20世纪20年代，中国史学界自觉地接受了德国新史学派的思想，并表现于教学内容和史学理论方面。

朱希祖1919年12月开始担任北京大学史学系系主任，他对史学系课程体系的制定和改革，与他读

---

[1] 参见李勇《张贵永与西方史学研究》，载《史学月刊》，2014年，第1期。

到兰普勒希特的书直接相关。他说:"民国九年的夏天,我担任北京大学校史学系的主任,那时我看了德国 Lamprecht 的《近代历史学》。他的最要紧的话就是:'近代的历史学,是社会心理学的学问。现在历史学新旧的论争,就是研究历史,本于社会心的要素?还是本于个人心的要素?稍严密一点说起来,就是历史进程的原动力在全体社会呢?还是在少数英雄?'Lamprecht 的意思,以为历史进程的原动力,自然在全体社会;研究历史,应当本于社会心的要素。所以研究历史,应当以社会科学为基本科学。我那时就把北京大学史学系的课程,大加更改。本科一、二年级,先把社会科学学习,做一种基础,如政治学、经济学、法律学、社会学等,再辅之以生物学、人类学及人种学、古物学等。特别注重的,就推社会心理学。"[1] 这样的课程设置,对当时中国各高校史学系的课程安排,都有很大的影响。傅振伦说:"这种制度施行之后,国内公私大学历史系,一致采用。我担任东北大学历史系主任兼长白师范学院史地系主任时,也采用了它。

---

[1] 朱希祖:《〈新史学〉序》,见《朱希祖文存》,上海古籍出版社,2006年,第375页。

从此以后,中国史学乃得跻于科学之林,而史学名家培养渐多。"[1] 不仅如此,朱希祖还将兰普勒希特的学术观点运用到自己的史学史研究中,以兰氏理论为依据,阐释中国史学的起源。他说:"德国历史家郎泊雷希脱(Lamprecht)著《近代历史学》,以为'历史之发端,有两元之倾向,皆由个人之记忆,而对于祖先尤为关切。两元者何?即所谓自然主义与理想主义是也。取自然主义形式者,最初为谱系;取理想主义形式者,最初为英雄诗'。推究吾国历史之发端,亦不外此例。然则小史所掌奠系世、辨昭穆之谱牒,及春秋以前颂美祖先之诗,皆吾国历史之萌芽也。"[2] 又说:"史学之发端,有两元之倾向,即自然主义与理想主义是也。自然主义发端为谱系,其进步为年代记;理想主义发端为英雄诗,其进步为纪传。"[3]

马克思主义史学创始人李大钊,在他的史学理论演讲和著作中,也非常重视兰普勒希特的观点。1923

---

[1] 傅振伦:《朱希祖传略》,见《中国现代社会科学家传略》,山西人民出版社,1985年,第54页。
[2] 朱希祖:《中国史学通论》,商务印书馆,2015年,第17页。
[3] 朱希祖:《中国史学通论》,商务印书馆,2015年,第25页。

四、中德史学交流

年三四月间,他在上海复旦大学讲演《史学与哲学》,讨论史学的定义,就介绍了兰普勒希特的说法,他说:"郎氏在他的《什么是历史》一书中说:'史事本体无他,即是应用心理学。历史乃是社会心理学的科学。'"[1] 在讨论文学与史学的关系的时候,李大钊再次运用了兰普勒希特的观点,说:"郎氏(Lamprecht)谓:'史有二方面:(一)取自然主义的形式的——谱系;(二)取理想主义的形式的——英雄诗。谱系进而成为编年史,英雄诗进而成为传记。'这都可证明诗与史的关系密切了。"[2]

南高学派虽然给人以文化保守主义的印象,但他们事实上很注重引介国外的史学理论。他们对兰普勒希特史学思想的介绍是比较早的。徐则陵说:"郎勃雷赫德(Lamprecht)谓史之本体非他,即应用心理学也。""氏乃据心理学之公例,如'类似联合','经验联合','印象与承受力之比较'等律,以求人类活动

---

[1] 李守常:《史学与哲学》,见《史学要论》,河北教育出版社,2000年,第241页。

[2] 李守常:《史学与哲学》,见《史学要论》,河北教育出版社,2000年,第244页。

之意义,以解释史。"[1] 另一位南高学派学者陈训慈指出:"故史是否科学,在今日尚为问题。多数学者,已以科学称之(如 Lamprecht 之《何谓史》)。"[2]

德国新生机主义哲学家杜里舒(Hans Driesch, 1867—1941),1922年受梁启超为社长的讲学社之邀来华讲学,在上海、杭州、南京、北京、天津、武昌等地巡回演讲,其演讲内容最后由张君劢、瞿世英(字菊农)等人整理为《杜里舒讲演录》,包括《康德与最近哲学潮流》《生机体之哲学》《形上学》《近代哲学史》《系统哲学》《国家哲学》《达尔文学说之批评》《康德批导哲学中之非批导的成分》《心理学的变迁》《历史之意义》《一与多》《人类思想与实在问题》《伦理学上之根本问题》等。《东方杂志》还出版了"杜里舒专号",登载的文章有:瞿菊农的《杜里舒学说的研究》,秉志的《杜里舒生机哲学论》,张君劢的《关于杜里舒与罗素两家心理学之感想》,费鸿年的《杜里舒的著作》《杜里舒学说概说》,周建人的《生机定义》,以及杜里

---

[1] 徐则陵:《史之一种解释》,载《史地学报》,1921年,第1卷第1期。
[2] 陈训慈:《史学观念之变迁及其趋势》,载《史地学报》,1921年,第1卷第1期。

舒本人的《近代心理学中非自觉及不自觉问题》(张君劢译)、《生机论概念》(宏严译)。生机主义哲学又称为生机论、活力论,是19世纪末20世纪初在德、法等国流行的一种唯心主义哲学观点,属于生命哲学的一种。这种哲学观主要建立在生物学基础上,利用生物学、生理学等科学发现来论证其观点。它主张生物自身的发展、变化并不受物理、化学原则的支配,而是因为生物体内部有一种自主自在的动力,这种动力自由释放、不可度量,是非理性的。杜里舒利用实验生物学的方法,以不可验的动力说明生物自身具有特别的自主性,提出了形而上学的生机论,即新生机论。杜里舒的来华讲演,上承中国学者对柏格森等人的介绍,在国内造成了一定反响。朱谦之受杜里舒影响很大,在他的《历史哲学》中,系统地介绍和宣传新生机主义。他在该书《序言》中说:"我最感激的,是新生机主义者杜里舒、柏格森、麦独孤、鲍尔文等,都有很多的借重。还有孔德、克鲁泡特金,都曾给我许多有益的见解,因有这些影响,才成功我的'历史哲学'。"[1]

---

[1] 朱谦之:《历史哲学·序》,见《朱谦之文集》第5卷,福建教育出版社,2002年,第3页。

斯宾格勒（Oswald Spengler，1880—1936）的文化形态学说一问世，不仅轰动西方，在中国也得到回应[1]。斯宾格勒，德国著名哲学家、文学家，1880年出生于一个邮政官员的家庭，先后在慕尼黑、柏林、哈雷等地求学，1904年在哈雷-维滕贝格大学获得博士学位。毕业后先是在中学任教，后专门从事研究和写作。主要著作有《西方的没落》《普鲁士的精神与社会主义》《人与技术》等。《西方的没落》是多卷本著作，所谓的文化形态学说或历史形态学（Morphology of History）主要表现在这部著作中。其第一卷出版于1918年7月，第二卷成书于1922年。第二卷的基本思想与第一卷一脉相承。斯宾格勒把生物学概念引入文化学的研究中，认为文化是一种包含生、长、盛、衰发展阶段的有机体，犹如春、夏、秋、冬四季之变

---

[1] 关于斯宾格勒文化形态史观在中国的传播及影响，参见李长林《斯宾格勒"文化形态学"在中国的早期传播》，载《历史研究》2004年第6期；王敦书《斯宾格勒的"文化形态史观"在华之最初传播——吴宓题英文本〈斯宾格勒之文化论〉手迹读后》，载《历史研究》2002年第4期；张国刚《雷海宗：一个学术史的解读》，载《博览群书》2003年第7期；江沛《战国策派思潮研究》，天津人民出版社，2001年；李孝迁、邬国义《斯宾格勒〈西方的没落〉在中国的传播》，载《史学理论与史学史学刊》（2004—2005年卷），社会科学文献出版社，2005年。

迁,周而复始地发展变化。每种文化都遵循这样的规律。斯宾格勒强调:"有生就有死,有青春就有老境,有生活一般地就有生活的形式和给予它的时限。"[1]"谁若是不懂得这种结果是必不可免的、不容修正的,不懂得我们的选择只能是情愿这样或一无所愿,只能是牢附这种宿命或对未来和生活本身悲观失望……谁就应该放弃理解历史、在历史中生活、或创造历史的一些愿望。"[2]斯宾格勒的文化形态史观被认为是宿命的。斯氏将文化发展分为三个阶段:前文化阶段、文化阶段、文明阶段,并论述了每一阶段的特征以及在世界各地的表现。他指出世界有八种独立的文化系统,即埃及文化、巴比伦文化、印度文化、中国文化、古典文化(希腊罗马文化)、阿拉伯文化、墨西哥文化和西方文化。他对自己的这一发现非常自信,自诩为哥白尼式的发现。斯宾格勒的文化形态学说否定了欧洲中心论,认为在西方文化之外,还有其他具有同等价值

---

[1] 〔德〕斯宾格勒:《西方的没落:世界历史的透视》,齐世荣等译,商务印书馆,1963年,第66页。

[2] 〔德〕斯宾格勒:《西方的没落:世界历史的透视》,齐世荣等译,商务印书馆,1963年,第64页。

的文化。它从历史的有机性和宿命性出发，认为西方文化的衰落是必然的。

斯氏的学说传入中国始于20世纪20年代初，留德的中国留学生及少年中国学会的成员当是最早介绍斯宾格勒及其著作的学者。这些人中有宗白华、王光祈、魏嗣銮、张君劢、俞颂华、黄文山、金井羊、李思纯等。其后，随着斯宾格勒的著作影响的扩大，他的著作很快被翻译成法文、英文、俄文、日文。留学法国、英美、俄国和日本的学生通过留学国或这几种文字了解该书，将该书的重点内容翻译成中文。在中国20世纪40年代前，对斯宾格勒文化形态学进行的介绍和评论主要有三条渠道：一是欧美，二是苏俄，三是日本。欧美渠道，有三种文本传播形态，即德文、法文、英文，以英文本为主，除了上文提到的留学德法者外，张荫麟、吴宓等对有关斯宾格勒著述的翻译和介绍非常突出。在吴宓的指导下，张荫麟翻译了美国学者葛达德（E. H. Goddard）和吉朋斯（P. A. Gibbons）合撰的《斯宾格勒之文化论》（该书原名为：*Civilisation or Civilisations : An Essay on the Spenglerian Philosophy of History*），在《学衡》及《国闻周报》连载，影响较大。

四、中德史学交流

吴宓作为《学衡》的主编,亲自撰写"编者识",对斯宾格勒的文化形态史观进行评介,并呼吁中国学术界"深望吾国宏识博学之士,采用斯氏之方法,以研究吾国之历史及文化,明其变迁之大势,著其特异之性质,更与其他各国文明比较,而确定其真正地位及价值"[1]。苏俄渠道主要表现在任衍生的《斯宾格勒底文化史论及其批判》和胡秋原的《历史哲学概论》,侧重于批判。日本渠道在留学日本的朱谦之的《历史哲学大纲》中有明显的表现。[2] 当代学者还发现日译本《西方的没落》出版不久即传到中国:"上海图书馆馆藏一套1926年初版《没落》日译本第1卷2册,扉页题'昭和二年壹月贰日',邓天民在日本买到这部书,然后寄存于中华学艺社图书馆,这说明1927年就有人从日本购得《没落》日译本带回国内。"[3]

---

[1] 载《学衡》,1928年,第61期。

[2] 李孝迁、邬国义:《斯宾格勒〈西方的没落〉在中国的传播》,载《史学理论与史学史学刊》(2004—2005年卷),社会科学文献出版社,2005年。

[3] 李孝迁、邬国义:《斯宾格勒〈西方的没落〉在中国的传播》,载《史学理论与史学史学刊》(2004—2005年卷),社会科学文献出版社,2005年,第263页。

20世纪30年代的大学讲堂上,斯宾格勒的书已成为教学内容。1937年雷海宗、孔繁霱、刘崇宏、张荫麟在清华大学开设"史学名著选读",要求学生选读史学专书五种,其中就有斯宾格勒的《西方的没落》。《西方的没落》在20世纪里并没有出版一部完整的中译本。1963年商务印书馆只翻译了该书的第二卷,1986年台湾远流公司出版了它的缩译本。

《西方的没落》之后,斯宾格勒又出版了《人与技术》(1931年在德国慕尼黑出版)。董兆孚从英译本将它翻译成中文,1937年12月由商务印书馆出版,篇幅比《西方的没落》小得多,是对《没落》的补充。它由五章构成:"技术为生活之策略""食草兽与猛兽""人之起源:手与工具""第二阶段:语言与事业""最后之活动:机械文化之兴与衰"。从工具的角度论述人类历史,属于历史哲学的范畴。该书对中国的文化史、历史哲学研究均产生影响。像黄文山、朱谦之、闫焕文等人的著作,都介绍和运用了此书的观点。一些学术期刊发表了对该书的评论,诸如春林的《史槃格楼著〈人与技术〉》、黄文山的《人类,文化与文明》、王锦第的《评〈人与技术〉》等。此外,斯宾格勒还著有

《马克思主义在欧洲》(原名为"普鲁士的精神和社会主义",初版于1919年),重庆独立出版社1941年出版了刘檀贵翻译的中文本。

如果说20世纪二三十年代,对斯宾格勒的文化形态史观还局限于纯粹的学术研究,那么随着抗日战争形势的发展和变化,40年代大后方所出现的战国策派,则表明这种史观与中国社会局势发生了联系,它在中国学界的影响因此亦由专业化走向普及化,由学术领域走向社会。

1940年4月,聚集于昆明的几位大学教授林同济、雷海宗、陈铨等人出版的《战国策》半月刊。该刊出版了17期,1941年初停刊。1941年12月,他们又在重庆《大公报》上开辟《战国》副刊,共出31期,1942年7月停刊。后林同济把他与雷海宗的部分论文编为《文化形态史观》一书(上海大东书局1946年版),将另一部分论文编为《时代之波》(在创出版社1944年版)。此前,雷海宗还著有《中国文化与中国的兵》,上海商务印书馆1940年出版。

雷海宗、林同济的论著,受斯宾格勒的影响是明显的,因为在他们的著作中,也表现出两个特点:一个是历史发展的命定论,即用一种既定的模式,来概括历史演变的路程;一个是历史循环论。如雷海宗说:"中国文化的第二周显然已快到了结束的时候。但到底如何结束,结束的方式如何,何时结束,现在还很难说。在较远的将来,我们是否还有一个第三周的希望?谁敢大胆的肯定或否定?"[1]但他们根据时代的需要,对文化形态学说也作了某些改造。他们在引入文化形态学说时,又夹杂了尼采的学说,推崇权力意志、赞美武力,力图在当时抗战的严峻时刻,给国人一点精神的力量。如雷海宗以《中国文化与中国的兵》为题,是为了发掘中国文化的阳刚、尚武之因素,以在民族危难关头发扬光大,抵抗外国侵略。林同济撰写的《力》,意在激励中国的尚武精神。"我们这个古老民族已是人类历史上对'力'的一个字,最缺乏理解,也最不愿理解的民族了。这朵充满了希腊之火之花,在我们一般人的心目中,竟也成为一个残暴贪婪的总称。'力'字与'暴',无端地打成一片。于是有力必暴,凡暴皆力。力者非他,乃一切生命的表征,一切

---

[1] 雷海宗:《断代问题与中国历史的分期》,载《社会科学(北平)》,1936年,第2卷第1期。

生物的本体。力即是生,生即是力。天地间没有'无力'之生;无力便是死。"[1] 该文的目的就是激励人心,应对艰苦的抗战。在《战国时代的重演》中,他又说:"日本这次来侵,不但被侵略的国家(中国)生死在此一举,即是侵略者(日本)的命运也孤注在这一掷中!此所以日本对我们更非全部歼灭不可,而我们的对策,舍'抗战到底'再没有第二途。"[2]

民国时期最早成立的中德文化交流组织是"留德学生中德文化研究会",其成员主要是少年中国学会中的一批留德青年,包括王光祈、宗白华、郑寿麟、魏嗣銮等。该会以"介绍研究中德两国文化为宗旨",希望"东西两种文化结婚",以"产生第三种文化"。继"留德学生中德文化研究会"后,1933年,部分留德生又和在北京的德国汉学家一起共同成立了一个"中德文化协会"。1935年更名为"中德学会"。发起人是郑寿麟。学会得到他的所有私人藏书,后来又得到德国学术交换处的支持,成为一个既介绍德国学术

---

[1] 林同济:《力》,载《战国策》,1940年,第3期。

[2] 林同济:《战国时代的重演》,见林同济、雷海宗编《文化形态史观》,大东书局,1946年,第92页。

文化，又研究传统中国文化的学术团体。学会出版中文版《中德学志》、德文版学术杂志《汉学集刊》，并在30年代推出21种德国学术译著。学会还编译了《北平中德学会会务概况》《北平中德学会工作报告》《北平中德学会工作年报》，分别以中德两种文字出版。

辅仁大学主要是德国天主教会创办的，教员很多是德国汉学家。辅仁大学所办的《华裔学志》，主编就是德国人鲍润生（Franz Xaver Biallas，1878—1936）。辅仁大学一定意义上说也是中德文化交流的体现和象征。历史学家陈垣长期担任辅仁大学的校长，重视历史学科的建设，史学系的学科设置、学术期刊，都带有中德史学交往的印迹。

民国时期，德国汉学家来中国讲学、学习者的数量在欧洲各国中居于前列，在德国留学回国的著名史学家也很多，如陈寅恪、傅斯年、姚从吾、毛淮、孔繁霱、张贵永等都是留德出身。留学日本的郭沫若，非常喜欢德国文学，翻译歌德作品；在考古学方面，深受德国考古学家海米里司的影响，并翻译了他的《美术考古发现史》。

五、中英史学交流

民国时期的中英史学交流是建立在晚清史学交流基础上的。晚清时期,中英史学交流就已经很频繁了。鸦片战争后,中国被迫向外国殖民者不断开放门户。英国是最早打开中国门户的国家,扮演了侵略中国的先锋。随之而至的是西方文化的东来。英国在西学东渐的潮流中自然是领潮者。中国史学由传统走向近代,是中国社会变革的必然要求,同时与西学东渐的大背景也是分不开的。

英国传教士到中国后在传教的同时,还译介了西方的史地著作。如1840—1960年间慕维廉(William Muirhead,1822—1900)译著的《地理全志》《大英国志》。前者介绍了亚洲、欧洲、非洲、大洋洲的概貌,各区域主要国家的自然和社会情况;后者讲述了英国的历史发展，包括社会制度、风俗、文化。两书是晚清时期中国人了解世界、认识英国的重要资料。英国传教士麦都思（Walter Henry Medhurst，1796—1857）在上海创办的墨海书馆，在出版宗教书籍的同时，也出版了一大批西学书籍，涉及数学、地理、光学、生物、医学等学科，包括艾约瑟（Joseph Edkins，1823—1905）的《中西通书》，王韬的《泰西著作考》《西学图说》，伟列亚力（Alexander Wylie，1815—1887）的《华英通商事略》，以及期刊《六合丛谈》，促进了中西史学交流，对西学在中国的传播，促进国人的思想观念、思维方式的变化，均产生了一定的启蒙作用。王韬在英国传教士理雅格（James Legge，1815—1897）的邀请下，还到欧洲游历2年，对法国、英国进行了考察和学术交流，回到香港后写了著名的《法国志略》《普法战纪》。以英国传教士为主导的广学会在19世纪八九十年代通过出版书籍、创办报刊、组织学会等形式传播西方文化知识。广学会总干事英国人李提摩太（Timothy Richard，1845—1919）与助手蔡尔康翻译的《泰西新史揽要》，对中国史学界影响很大，梁启超称赞它说："述百年以来，欧美各国变法自强之迹，西史中最佳之书也。"[1] 直到民国时代，该书对国人了解西方历史仍是宝贵的读物。蒋廷黻说："我们西洋史采用课本是麦尔斯（Myers）所著《通史》的中译本，是山西基督书院一批学者译的。该书除了使我感到兴趣外，更为我开辟了一个新天地。我从书中学到希腊、罗马、中世纪、文艺复兴、宗教改革，以及法国和美国的大革命等。在当时，我们中国还没有像麦氏《通史》那样的历史课本。虽然我花了很多时间去读中国历史，但我所知的只是星星点点，不能窥其全豹。读了麦氏《通史》之后，我认为我应该研究整个西方世界的进步情形。"[2]

严复是清末留英生的代表，在英国学习的是海军技术，但他在中国近代史上的影响却主要是在思想领域，特别是他对西方进化论的引进和介绍，改变了中国人的历史观念，对中国史学从传统向近代转变，起到了理论先导的作用。1895年，痛心于甲午战争的失败，严复翻译了英国人赫胥黎的《进化论与伦理

---

[1] 梁启超：《读西学书法》，见夏晓虹辑《〈饮冰室合集〉集外文》，北京大学出版社，2005年，第1164页。

[2] 蒋廷黻：《蒋廷黻回忆录》，岳麓书社，2003年，第42页。

学》(*Evolution and Ethics and other Essays*)，题曰《天演论》，其部分内容刊载于1897年《国闻汇编》的第二册，1898年全书出版。1899年，他又翻译了约翰·穆勒的《群己权界说》(*On Liberty*)；1902年翻译甄克思《社会通诠》(*History of Politics*)；1906年刊行《政治讲义》，译完孟德斯鸠的《法意》(*Spirit of Law*)。严复翻译《天演论》的目的，一是探究社会发展的规律，二是激发人们意识到民族危机，要奋起自强保种。该书介绍了自然界的运动变化，哥白尼、达尔文等对人类社会的贡献，介绍了赫胥黎、斯宾塞的思想，并进行比较。《天演论》在中国影响达数十年之久。在马克思主义唯物史观传入中国以前，它一直占据中国思想界的重要地位。蔡元培说："五十年来，介绍西洋哲学的，要推侯官严复为第一。""他译的最早、而且在社会上最有影响的，是赫胥黎的《天演论》(Huxley, *Evolution and Ethics and other Essays*)。自此书出后，'物竞''争存''优胜劣汰'等词，成为人人的口头禅。"[1]《天演论》将近代经世史学推进到以社会进化史观为指导的时代，为

---

[1] 蔡元培：《五十年来中国之哲学》，见中国蔡元培研究会编《蔡元培全集》第5卷，浙江教育出版社，1997年，第102页。

五、中英史学交流

新史学的产生奠定了重要的思想基础。严复对西方进化论的引介业绩,在一定意义上说也是中英学术交流的一个结晶。

英国对中国文化的研究与中英国家关系和传教士来华传教紧密相关。这种研究被称作汉学。牛津大学有汉学讲座,始于1876年(光绪二年),理雅格为首任教授;剑桥大学则始于1888年(光绪十四年),威特(G. E. Wade)为首任教授。英国的汉学家以传教士和外交官为多,如霍布金(L. C. Hopkins,1854—?)在同治年间来华,任上海、芝罘、天津等地的领事,沉迷于中国古代史研究,考订殷墟甲骨文字、研究古泉。清室英语老师庄士敦(R. F. Johnston,1874—1938),在佛教、喇嘛教、景教等方面,造诣深厚。他回国后在伦敦大学任汉语教授。巴克尔(E. H. Parker)著有《匈奴史》。斯坦因(M. A. Stein)是匈牙利人,但受英国政府的委托,20世纪初深入中亚探险。1901年,他率领的探险队在和阗附近发现汉晋时代的木简和唐代的珍贵文书;1907年他又作了第二次搜索,在敦煌东南的千佛洞中,他最先发现了大批抄本文献,并将它们带到英国。这些抄本至今尚珍藏在不列颠博物院,约有5000卷。晚清时期，英国大学有汉学科者为伦敦大学、牛津大学、剑桥大学、利物浦大学、曼彻斯特大学。大学图书馆均有汉籍。英国研究汉学之刊物重要者有《不列颠及爱尔兰皇家亚洲学会学报》(*Journal of the Royal Asiatic Society of Great Britain and Ireland*)、《皇家亚洲学会华北分会学报》[此志刊载研究汉学之论文、讲稿或杂俎等，创刊于咸丰八年（1858），至1860年刊行两卷，称为初集。续刊之集自1864年，年刊一卷，由英国皇家亚洲学会华北分会发行]、《东方学院学报》(*Bulletin of the School of Oriental Studies*，创刊于1917年，编辑及发行为英国伦敦大学东方学院，论文以英语为主。探讨印度、阿拉伯、波斯问题等，也有关于中国之论著，并多书评)[1]。

20世纪上半期，随着中英交往的扩大和英国在华利益的需要，英国的汉学研究迅速发展起来，继理雅格、威妥玛、德庇时、翟理斯之后，又涌现出亚瑟韦利、阿克·穆尔、爱德华兹、翟林奈、倭纳、苏慧廉、修中诚等一大批著名汉学家。他们走欧洲传统汉学之路，

---

[1] 梁绳袆：《外国汉学研究概观》，见李孝迁编校《近代中国域外汉学评论萃编》，上海古籍出版社，2014年，第45—47页。

五、中英史学交流

研究的重点是中国的语言、文学、历史、哲学,翻译中国经典著作。在中英关系、中西关系、中国历史方面,也有一些著述。如传教士出身的苏慧廉(William Edward Soothill,1861—1935)在中国传教办学20多年,曾担任过山西大学西斋总教席,回国后被牛津大学聘为汉学讲座教授,著有《中西交通史大纲》《中国和英国》《中国史》等[1]。修中诚(Ernest Richard Hugnes,1883—1956)在主持牛津大学汉学讲座时,创立了汉学科,设置了汉学学位,制定了汉学科的课程体系、

---

[1] 华五《英国的汉学家》对这位汉学家有相当诙谐、形象的描写:"继承雷格而任牛津大学中文教授的是苏熙洵(Soothill),中国学生暗地里称呼他做苏熙老。他在满清时代来中国传教,后任山西大学副校长,民国成立后回到英国,后因退还庚款事曾与卫丁顿勋爵来华一次。著作有《中国的三教》等书。我最初见到苏熙老的名字是在伦敦《泰晤士报》(The Times)的通讯栏里,距今已经有七八年了,那时不知道是谁提到了山西是中国的模范省,于是我们的苏熙老便写了一封信给《泰晤士报》的主笔,说明他曾任山西大学副校长,并说山西之所以成为模范省,由以大部分的县知事是山西大学的毕业生,而这般学生又是他所训练出来的。照着自然的逻辑,山西之所以成为模范省,完全是苏熙老办教育的功劳。……在牛津,每逢有新的中国学生去时,他总是请到他家去喝茶,有的人不大喜欢去,因为他说的话有时我们听不惯,可是他的态度是诚恳的。中国学生考进了大学或是得了文凭与学位,苏熙老都感到喜悦,好像父兄看见了子弟成材。"见李孝迁编校《近代中国域外汉学评论萃编》,上海古籍出版社,2014年,第166—167页。

考核办法。

英国传教士对英国史学著作的翻译和介绍是中国近代了解英国史学的最早途径。国人走出国门,通过亲身考察得出的认识,是第二个途径。如王韬在《重订法国志略》中就有对英国史家的评论:"作列国史记者,曰罗伯森,曰吉本。"进入20世纪,留日学者所办的报刊对西方史学大量地进行介绍和评论,其中英国的史家和史著是重点。英国史学家休谟、麦考莱等都曾被特别地关注。英国史学家弗里曼(E. A. Freeman, 1923—1892)的话"历史是过去的政治,而政治是现在的历史"作为名言被广泛引用。1908年,清朝学部刊物《学报》登载的《百年来西洋学术之回顾》则专节论述19世纪英国的史学,涉及大量的英国史家及其著作,诸如麦考莱、卡莱尔、弗劳德、弗里曼、格林等。特别是巴克尔的《英国文明史》和格林的《英国人民简史》,以多种形式被翻译成中文,对新史学思潮影响很大[1]。

民国时期中国到英国留学的人数,与留学日、美、德、法比较,相对较少。这与英国在近代对中国的影

---

[1] 李孝迁:《西方史学在中国的传播(1882—1949)》,华东师范大学出版社,2007年。第56—71页。

响似乎不甚相称。这主要是因为英国留学费用高,入学门槛高。英国的很多学校贵族习气很重,对中国的学历往往不予承认。所以民国时期有些本打算去英国留学的学子往往不得不到其他国家留学。中国的留英生也有自己的特点,专业大都集中在理工科,人文社会科学的较少,归国后在政治舞台上活跃的较少,大都在学术事业上。他们引进英国的现代科技,传播英国和西方的哲学、文学艺术以及其他社会科学,对促进中英文化交流,推进中国学术事业的发展做出了重要贡献。留英生在人文、社会科学方面有成就的有许地山、周传儒、侯仁之、钱锺书、费孝通、杨人楩、刘半农、傅斯年、陶孟和、金岳霖、向达、徐志摩、王星拱、丁文江、朱光潜、萧乾、王佐良、老舍、张芝联等。许地山是文学家,同时他也是著名的宗教学家,对宗教史研究卓有成就。周传儒是清华国学研究院出身,是梁启超的弟子,1931年考选官费留学,入剑桥大学,专攻世界史和近代外交史。侯仁之是历史地理学家。钱锺书是文学家,也是一位学贯中西、博古通今的大学者。费孝通是社会学家,以英国功能学派注重社区研究的方法,撰写了《江村经济》(《中国农民生活》),对社会学的社区研究做出贡献。杨人楩译有芒图的《十八世纪产业革命——英国近代大工业初期的概况》,是著名的世界史教授。向达入牛津大学留学,在大英博物馆抄录敦煌卷子,译有帕刻的《鞑靼千年史》(1936年)、《匈奴史》(1934年),斯坦因的《西域考古记》(1936年)等。张芝联译有巴葛的《英国大学》(1948年)等。张芝联1946年赴美国耶鲁大学研究院攻读历史,1947年又横渡大西洋到英国牛津大学进修,到法国参加国际讨论会。其间广泛涉猎中外文学、历史和学术思想。回国后,先在上海光华大学任教,1951年北上到燕京大学历史系任教,教授世界史。1952年转入北京大学任历史系教授。王星拱毕业于伦敦大学,既是一位自然科学家,也是一位哲学家,还是著名的教育家。他是武汉大学的创建者之一,担任武汉大学校长多年。萧乾是著名记者,也是文学家。陶孟和是社会学家,金岳霖是哲学家,徐志摩是诗人,朱光潜是美学家,王佐良是翻译家,老舍是文学家。傅斯年开始在英国伦敦大学留学,以后才到德国留学。留英期间,他与英国史学界有一定的交往,史学思想也受到影响。他的藏书有一本英国史学

五、中英史学交流

家巴克尔的《英国文明史》原版书。《傅斯年文物资料选辑》收有一张巴克尔的《英国文明史》原版书书影,并作说明:"图为英国史学家巴克(H. T. Buckle)《英国文明史》(History of Civilization in England)的书影。傅斯年颇受此书的影响,后来曾译此书前五章(稿未见),并拟附以傅自己所写的《地理的史观》(Geographical Interpretation of History)。"[1] 傅氏还与英国文学家、史学家有过学术合作。《傅斯年文物资料选辑》中有一张威尔斯(H. G. Wells,1866—1946)的《世界通史》原版书影,并对该书影注释道:"到英国的第一年,傅斯年帮助英国文学家威尔斯(H. G. Wells)撰写《世界通史》(The Outline of History)中有关中国中古史的部分。该书于一九二〇年出版后,洛阳纸贵,十二年内卖出一百五十万本。"[2] 威尔斯的《世界史纲》,由梁思成翻译,1927年由商务印书馆出版。

民国时期翻译的英国史学理论著作有弗林特

---

[1] 王汎森、杜正胜编:《傅斯年文物资料选辑》,台湾"中央研究院"历史语言研究所,1995年,第51页。
[2] 王汎森、杜正胜编:《傅斯年文物资料选辑》,台湾"中央研究院"历史语言研究所,1995年,第38页。

(Robert Flint, 1838—1910)的《历史哲学概论》、司各脱(E. Scott)的《史学概论》。前者由郭斌佳翻译,新月书店1928年初版,黎明书局1934年再版,内容是评述18世纪至19世纪末期西方思想家的历史哲学思想。后者有两个译本,一是由余楠秋、谢德风翻译,民智书局1933年出版;一是由翁之达翻译,书名为《史学与史学问题》,开明书局1934年出版。原著者说:"本书之目的,欲提起对于历史方法、历史步趋及历史本身材料之兴趣。凡读此书者,当即显然知之也。予深信此书目的,业已达到。并望此书,将应更大范围之要求也。"该书共十章,依次为:历史之目的、历史方法、历史与地理、历史与传记、历史与自然科学、教育中之史学、历史与爱国心、历史之种类、历史问题、历史之活动力。郭斌佳与何炳松还曾合作翻译英国史家古奇(G. P. Gooch, 1873—1968)的《十九世纪史家与史学》,不知何故,该书在当时未能出版。

英国的史学思想资源对民国时期的史学理论具有一定的影响。在民国时期出版的众多史学概论、史学通论、史学方法论著述中,英国的弗里曼、司各脱、麦考莱、F. Perie、G. Crump、A. C. Haddon、巴克尔、S.

Hook、T. Jackson等人的观点,不断被引用。

马克思主义史学创始人李大钊在他的史学理论中就不断征引英国史学家的观点。他在《史学要论》论述第一个问题"什么是历史"时,引用福利曼(今译作弗里曼)的名言。他说:"还有一派史学家,只认政治的历史为历史,此外的东西似乎都不包括于历史以内。他们认以政治为中心纵着考察社会变迁的,是历史学。像那福利曼(Freeman)说:'历史是过去的政治,政治是现在的历史',就是这种观念。"[1] 在论述第四个问题"史学在科学中的位置"时,对英国哲学家培根的文字多次引用。他说:"文、哲、史三者并举,始自倍根(Francis Bacon)……倍根曾把全体学问,分为史学、哲学及诗,鼎足而三。……倍根认依心的能力类别学问为最良的方法,而先分之为历史Historia(History)、诗Poesis(Poesy)、哲学Philosophia(Phylosophy)三者。其意盖谓心灵有三种能力:一曰记忆Memoria(Memory),二曰想像Phantasia(Imagination),三曰理性Ratio(Reason);而以历史为关于记忆者,诗为关

---

[1] 李守常:《史学要论》,河北教育出版社,2000年,第6页。

于想像者，哲学为关于理性者。"[1]在另一篇文章《史学与哲学》中，他再次用培根的观点说明史学与文学、哲学的关系。他说："倍根的分类，见于他所著的 *Advancement of Learning*（1605）及以拉丁文著的 *The Dignity and Advancement of Learning*（1623）。这二书都是讲当时的思想的发展的。在此二种中，他把学问分为三大类：（一）历史；（二）诗；（三）哲学。这是按照心的能力而分的。因为心的能力也有三：（一）记忆；（二）想像；（三）理性。记忆所产生的是史，想像所产生的是诗，理性所产生的是哲学。这个分类，在今日看来是不完全的，因为他只是指他那时代的学问状况而说的，但我们正好藉用他的分类，说明史学、文学、哲学三者的关系的密切。"[2]另外，弗林特的观点也是他常用的。在《史学与哲学》中，他探讨"历史的定义"，引用了几个人的观点，其中就有弗林特的定义："弗氏谓历史学即是历史哲学。他说：'历史哲学，不是一个从历史事实分出来的东西，乃是一个包蕴在历史事

---

[1] 李守常：《史学要论》，河北教育出版社，2000年，第35—36页。
[2] 李守常：《史学与哲学》，见《史学要论》，河北教育出版社，2000年，第243页。

五、中英史学交流

实里面的东西。一个人愈能深喻历史事实的意义,他愈能深喻历史哲学;而于历史哲学,也愈能深喻于其神智。因为历史哲学,只是些历史事实的真实性质与根本关系的意义,合理的解释、知识罢了。'这里他所说的历史哲学,史学也包括在内。"[1] 而在《史学要论》"五、史学与其相关学问的关系"则是重点论述了史学与哲学的关系。此处他详细引用了弗林特的著作。他说:

> 故于历史哲学,亦常有人以广义解之,默然视为泛称关于历史事实的理论的考察者。如傅林特(Flint)所称的历史哲学,其概念即极其广泛。兹将其为历史哲学所下的定义,抄译于下:
>
> The philosophy of history is not a something separated from the facts of history, but a something contained in them. The more a man gets into the meaning of them, the more he gets into it, and it into him; for it is simply the meaning, the rational

---

[1] 李守常:《史学与哲学》,见《史学要论》,河北教育出版社,2000年,第241页。

interpretation, the knowledge of the true nature and essential relations of the facts.

> 历史哲学不是一些从历史事实分离出来的东西,乃是一些包蕴在历史事实里面的东西。一个人愈深入于历史事实的意义中,愈能深入于历史哲学中,即历史哲学愈能深喻于其理智;因为历史哲学纯是些历史事实的真实性质与根本关系之意义之合理的解释之智识而已。[1]

弗林特的这段话,出自他的《历史哲学概论》。李大钊出版他的《史学要论》,写作《史学与哲学》时,尚未有该书的中译本。这说明李大钊很早就看到弗林特的原版书了。弗林特的《历史哲学概论》对李大钊讲授"史学思想史"帮助很大。"史学思想史"涉及欧洲的思想家较多,李大钊在对这些思想家的思想进行阐发和评述时,参考了弗林特的观点。

论及民国时期的中英史学交流,有三个英国人对中国学界产生的影响,是不应忽视的。第一个是罗素。

---

[1] 李守常:《史学要论》,河北教育出版社,2000年,第49—50页。

五、中英史学交流

罗素（B. Russell，1872—1970）是20世纪英国伟大的哲学家、思想家，也是一位成就卓著的数学家、逻辑学家，对世界和平运动也做出了积极的贡献。罗素1920年10月至1921年7月到中国讲学，演讲地包括上海、杭州、南京、长沙、北京、保定等，演讲的形式既有单次演说，也有系列讲座，演讲的内容涉及教育问题、自然科学问题、数理逻辑、哲学问题、国际政治、心理学、宗教学、社会结构学等。罗素的讲学活动，传播了现代英国与西方大量的科学知识与哲学思想，给五四时期渴求新知、向往西学的中国知识界带来丰富的养料，注入新鲜活力。罗素在中国期间，与中国的著名学者和史学家多有交往。如梁启超、赵元任、蔡元培、范源濂、张申府、丁文江、傅铜等。其中，张申府、张东荪、赵元任、傅铜可谓罗素思想的积极宣传者。罗素回国后，在英国留学的徐志摩，与罗素关系密切，是罗素家中的座上客，思想、精神气质，均受罗素影响很深。留英生金岳霖承继罗素的衣钵，是研究罗素哲学、继承罗素哲学最有成就的中国哲学家。罗素在中国的演讲，对20世纪20年代中国的中西文化论争起了催化作用。中西文化论争也是值得史学史探讨的重要课题。

罗素热爱中国文化,对中国人民抱有友好的感情。他总是善意地向西方介绍中国的优长,对肆意抹黑中国人的论调予以反驳。他写道:"在西方有一种论调:中国人不可思议,满脑子神秘思想,有时让人难以理解……但是,以我在中国讲学期间的所见所闻,并没有发现任何证明这种论点的根据。我像与英国人交谈一样与中国人交谈,他们回答我也很像英国人回答一个中国人。中国人相当有教养,聪慧而明智。我根本不相信'东方人阴险'的鬼话。""平心而论,我认为中华民族是世界上我所遇见的最优秀的民族之一。""中国文明远比中国政治更具大一统的特性。也是世界上几大古国文明中唯一得以幸存和延续下来的文明。自孔子时代以来,埃及、巴比伦、波斯、马其顿和罗马帝国的文明都相继消亡,但中国文明却通过持续不断的改良,得以延续下来。中国文明也一直受到外来文化的影响。从早先的佛教,直到现代的西方科学。但是佛教并没有把中国人变成印度人。西方科学也没有把他们变成欧洲人。在中国,我遇到一些人,他们像我们西方国家教授那样熟知西方文化。然而,

五、中英史学交流

他们并没有失去文化心理上的平衡,也未脱离自己的人民。他们认为,西方一些不好的东西,如野蛮好战,动乱不安,欺负弱小,利欲熏心,追求纯粹的物质享受目标等,是不可取的。而一些好的东西,特别是西方科学,中国人则希望学习采纳。"[1]

第二个是汤因比(Arnold Joseph Toynbee,1889—1975)。斯宾格勒创立的文化形态史观对中国产生了影响,前已述论。汤因比是文化形态史观的发扬光大者,把斯宾格勒的八种文明发展到二三十种文明,"试图把人类的历史视为一个整体"。他是受斯宾格勒的启发而提出自己理论体系的。他回忆说:"当我读着这些充满历史洞见之光的篇章时,我首先怀疑,我的整个探讨,在问题提出之前(更不用说找到答案了)就已被斯宾格勒处理过了,这一想法在我的脑海中充分明朗起来。我主要的观点之一是:历史研究中最难于理解的领域是所有这些社会,而不是像现代西方的民族国家或古希腊、罗马时期的城邦国家这一类任一分隔的片断。我的另一个观点是:所有被称为文明社会

---

[1] 〔英〕罗素:《罗素回忆录:来自记忆里的肖像》,吴凯琳译,希望出版社,2006年,第189—191页。

的历史，在某种意义上，都是平行的和同时代的。这两个观点也是斯宾格勒体系中的主要的观点，当我在斯宾格勒的书中寻找我的关于文明起源问题的答案时，我发现我仍有工作要做。"[1]

汤因比早在20世纪20年代已受到中国学术界的关注。1923年11月，《学衡》第23期开始连续刊译英国李文斯顿（R. W. Lingston）编的《希腊之留传》（*The Legacy of Greece*）一书。该书内收有汤因比的《希腊之史学》，故吴宓在"本志编者识"中对汤因比有一简短介绍："童璧（Arnold Toynbee）伦敦大学东罗马及近世希腊方言、文学、历史教授。"[2] 但他真正成为中国学界的热门学术人物还是在他的《历史研究》（*A Study of History*）出版之后。1934年汤因比出版了《历史研究》前三卷。汤因比认为，在人类文明史中，曾出现过21个文明：西方文明、拜占庭文明、俄罗斯文明、伊朗文明、阿拉伯文明、印度文明、远东文明、希腊文明、

---

[1] 〔英〕汤因比：《我的历史观》，载《文明经受着考验》，浙江人民出版社，1988年，第10—11页。

[2] 吴宓："本志编者识"，载《希腊之留传·第一篇 希腊对于世界将来之价值》篇首，载《学衡》，1923年，第23期。

五、中英史学交流

叙利亚文明、古代印度文明、古代中国文明、朝鲜日本文明、米诺斯文明、苏美尔文明、赫梯文明、巴比伦文明、埃及文明、安第斯文明、墨西哥文明、于佳丹文明、玛雅文明。有时他又说有 26 个文明,有时又扩大至 37 个,显得比较随意。张君劢的《明日之中国文化》[1]对该书进行了评介。1937 年顾俶南在《图书展望》发表书评《介绍汤因比氏〈历史研究〉》,篇首写明原著的出版情况:"*A Study of History*, vols. Ⅰ–Ⅲ, by Arnold J. Toynbee, 1935, Oxford University Press",并对汤因比作了简要介绍,说:"他是当代国际问题世界有名之权威,凡是研究现代国际问题的人,当没有不知道他的。他担任英国国际问题皇家学会(Royal Institute of International Affairs)专任研究员。自从一九二三年以来,他将每一年所经过之国际事件用富有哲学的眼光作有系统之分析,这就是有名的每年由英国出版之 *Survey of International Affairs*,但是很少人知道汤氏对于人类整个的历史也有深刻的研究。"接着对此书的规模和基本思想作了介绍,认为它是能够

---

[1] 该书由商务印书馆 1936 年出版。

与吉本的《罗马衰亡史》、斯宾格勒的《西方的没落》、威尔斯的《世界史纲》相媲美的著作。指出汤因比与斯宾格勒一样,都运用历史比较法,提出西方文化发展高峰已过,开始出现衰落。但汤因比不像斯宾格勒悲观,"彼非斯宾葛勒式之宿命论者,此点或即为汤氏较胜斯氏的一点"。最后说到汤因比曾游历过中国,以及该书对研究中国文化史的价值:"汤氏在其著作中,对中国历史亦多述及。彼前年曾游历中国,其对中国文化之观察虽非完全正确,但颇多新颖之见解。凡研究中国文化史者,尤其有志将中国文化与其他文化作比较研究者,汤氏之著作实有参考之价值。"[1] 随着汤因比《历史研究》的后续几卷的出版,该书不断得到评介。如《星期评论》1941年分两期发表了王绳祖对《历史研究》前六卷的介绍,说:"陶因拜是英国皇家国际学会的总干事兼伦敦大学国际史研究教授。他在一九三四年出版三卷《历史研究》;一九三九年又续出三卷。据说再有数卷,方可完结……他以史学家的资格,用历史的例证来说明一个思想体系,内容自

---

[1] 顾淑楠:《介绍汤因比氏〈历史研究〉》,载《图书展望》,1937年,第2卷第3期。

与哲学家所写的历史哲学不同。无疑问地，这是近几十年以来史学界的一部空前杰作。"[1] 此外，还有国外学者的评述被译介，如李絜非译的 James Feibleman 对汤因比的书评文章《汤比氏之历史论》[2]。雷海宗、林同济等战国策派学人对汤因比著作也有涉猎和借鉴。

第三位是李约瑟。李约瑟在中西文化交流史上被称作 20 世纪的利玛窦。他虽在自然科学领域很有成就，却为中国古代科技和文化所吸引，一生倾力研究中国科技史，完成了鸿篇巨制《中国科学技术史》。这是他对人类做出的巨大贡献，也是中英史学交流、文化交流的成就之体现。李约瑟出生于 1900 年，23 岁即获得剑桥大学的哲学博士和科学博士，30 多岁成为英国著名的生物化学家、胚胎学家，英国皇家学会会员。1943 年 2 月至 1946 年 3 月，李约瑟来到中国，在抗战大后方，与中国的教育界、文化界、科技界进行了广泛的交流，为中国科技界与英国以及其他西方国家建立学术联系做了大量工作。他敦促英国政府支持中国抗战。在他的建议下，1943 年 6 月，英国政府

---

[1] 王绳祖：《历史研究》，载《星期评论》，1941 年，第 26 期。
[2] 载《文化先锋》，1947 年，第 6 卷第 15 期。

批准成立了"中英科学合作馆"(Sino-British Scientific Cooperation Office),并任命他为馆长。其间,他以巨大的热情,全身心地投入了以科技支援中国的伟大工作;他与迁至大后方的高校和科研机构进行了很多接触,结识了一批著名学者。这些学者为他以后的中国科技史之著述提供了帮助。在《中国科学技术史》第一卷序言中,他写道:

> 1943年初我刚到昆明时,在这方面给我帮助的人士中间有史学家雷海宗和闻一多(后者在担任民主同盟的领导工作时被暗杀了)。牛津大学的汉学家修中诚(H. R. Aughes)博士当时和闻一多教授一起工作,对修中诚博士给我长时间富有启发性谈话的机会,我愿在此表示感谢。在科学家当中,钱临照博士对《墨经》(公元前4世纪)中的物理学原理所作的阐释使我惊叹不已。华罗庚教授曾帮助我了解中国的数学,而经利彬则帮助我了解药物学方面的资料。[1]

---

[1] 〔英〕李约瑟:《中国科学技术史》第1卷,袁翰青等译,科学出版社,2018年,第9页。

五、中英史学交流

李约瑟与中国的许多学者相识并建立了友谊。他的中国科技史研究，得到了郭沫若、冀朝鼎、陶行知、邓初民、林伯渠、侯外庐、冯友兰、王星拱、侯宝璋、郭本道、章孟闻、张资珙等人的指点和协助。他历尽艰辛，辗转数千里，前往西南、西北、东南进行学术考察，访问了内迁的武汉大学、同济大学、中央研究院历史语言研究所、社会学研究所和考古博物馆、河南大学、浙江大学、中山大学等。他为推动中英科技交流，为向西方宣传中国文化做出不懈的努力。在他主持下，中英科学合作馆在成立后的3年里，向西方学术界传达论文138篇，绝大多数被采用发表。他搜集了大量的中国科技史资料，为他回国后撰写《中国科学技术史》打下了坚实的基础。

李约瑟回国后，将他和夫人在中国3年多的活动记录，包括工作报告、日记、通讯、诗歌、摄影等，辑成一书，名曰《科学前哨》(*Science Outpost*)，1948年在伦敦出版。它记录了中英两国在抗日战争期间的科技合作和学术友谊，也为中英史学交流留下了珍贵资料。

民国时期,学术界许多期刊非常关注外国史学动态,刊载介绍文章或译文,如《东方杂志》《学衡》《史地学报》《燕京学报》《禹贡》半月刊。英国学者杨哈斯班的《帕米尔游记》就发表在《禹贡》半月刊第5卷第8、9合期上。

六、中苏（俄）史学交流

俄国的汉学研究19世纪以前也有一定的成就。但与欧洲几个大国相比，是比较弱的。由于汉学人才的不足，以致在中俄外交交涉中有时还借用德国的汉学人才。俄国的汉学家基本是外交人员和传教士。20世纪初，影响较大的研究者有波波夫、屈纳、波兹涅耶夫等人。波波夫1886年起任俄国驻北京总领事，1902年回国。1901年至1910年间即出版了关于清末新政的多部著作。屈纳1909年出版了《西藏地理记述》。波兹涅耶夫1901年出版了记述义和团与八国联军之役的《北京围城56天见闻》[1]。圣彼得堡大学、莫斯科附近的喀山大学都设有汉学讲座，20世纪初海参

---

[1] 姜义华、武克全主编：《二十世纪中国社会科学·历史学卷》，上海人民出版社，2005年，第521页。

崴设有东亚学院。伊凤阁（A. I. Ivanov，1877—1937）1913年任彼得堡大学汉学教授，十月革命后，随苏俄远东全权代表越飞（A. A. Joffe，1883—1927）东来，1923年任北京大学研究所国学门导师，在《国学季刊》发表《西夏国书说》（1923年12月）。莫斯科有中国学院，由青年教授阿卜拉森（Abramson）等主持之[1]。

俄国有两个重要学者在民国时期的中国史学界颇有声望。一个是钢和泰，另一个是史禄国。钢和泰（Alexander von Stael-Holstein，1877—1937）出生于沙皇俄国爱沙尼亚（今爱沙尼亚共和国），贵族出身，精通德语、法语、汉语、梵语，早年在柏林大学留学。沙皇时代他曾被封为男爵。1917年沙俄被推翻后，流亡中国。1923年，钢和泰被聘为北京大学研究所国学门导师；1927年又被聘为清华国学研究院名誉通讯指导员；1928—1929年前往美国担任哈佛大学中亚研究讲座教授；1930年任哈佛大学燕京学社教授，并长期担任哈佛-燕京学社驻燕京大学的中印研究所所长、《燕京学报》编委。他与当时国内外学术界许多著名人

---

[1] 梁绳祎:《外国汉学研究概观》，见李孝迁编校《近代中国域外汉学评论萃编》，上海古籍出版社，2014年，第44页。

士有交往，外国学者如著名汉学家高本汉、伯希和、戴密微等，国内学者如陈寅恪、胡适、赵元任、王云五、汤用彤、吴宓等，都与他交情深厚。据说有一个相当长的时期，被清华大学聘为导师住在清华园的陈寅恪每个周末都进城与钢和泰共同研读梵典。1937年，钢和泰在北平逝世，他在中国近现代学术史上占有重要地位。

史禄国（S. M. Shirokogoroff, 1887—1939）是俄罗斯人类学奠基者，现代人类学先驱之一，通古斯研究的权威。他出生于沙俄末期Suzdal世家，接受"古典教育"。1910年毕业于法国巴黎大学人类学院。回俄罗斯后在圣彼得堡大学、帝国科学院做研究。1915—1917年到中国东北多次就通古斯人、满人，进行民族志学、考古学和语言学调查。1917年十月革命后他开始了流亡生活。1922年至1930年先后在上海、厦门、广东等地的大学任教，且从事学术研究。1930年以后在北平辅仁大学、燕京大学、清华大学任教，并到福建、广东、云南和东北等地进行过学术调查。1924—1925年间发表了三本有关华东、广东、华北中国人体质研究的报告。这类研究，至今还是空谷足音，无人承继。他应用其在体质方面的研究成果,为中国古代人口流动作出富有启发性的推测。史禄国任教燕京大学时,对费孝通影响很大。费孝通到晚年还在深情地怀念这位1933年收他为弟子指导他从事民族学和人类学研究、使他终身受益的恩师。史禄国1922年移居中国,1939年逝世于北平,后半生有近20年在中国度过,绝大部分著作在中国出版,为中国民族学和人类学的发展做出了重要贡献。

十月革命以前,中国人到俄国留学的很少。即使是清末留学热潮兴起之时,留学俄国的也不多。十月革命后,这种情况出现了变化。十月革命是世界历史上的大事,也是中俄关系的转折点。1919年巴黎和会,西方列强继续欺压中国,侵害和出卖中国的主权等权益。而苏俄则奉行对华友好政策,多次发表声明,废除沙皇政府与中国订立的不平等条约,不断赢得中国人民的好感。李大钊对十月革命进行了高度的称赞和热情的讴歌,先后发表《法俄革命之比较观》《庶民的胜利》《布尔什维主义的胜利》等文章。指出"俄国今日之革命,诚与昔者法兰西革命同为影响于未来世纪文明之绝大变动",但二者性质有异,"俄罗斯之革命

六、中苏（俄）史学交流

是二十世纪初期之革命，是立于社会主义上之革命，是社会的革命而并著世界的革命之采色者也"。"俄罗斯之革命，非独俄罗斯人心变动之显兆，实二十世纪全世界人类普遍心理变动之显兆。"[1] 十月革命的胜利，是世界劳工阶级的胜利。将来的环球，必是赤色的世界！中国有志救国之士，热切地希望了解这个新生的政权，借鉴它的经验，探索拯救中国的真理。《新青年》自1920年起，设立"俄罗斯研究"专栏。1920年10月，瞿秋白、李宗武、俞颂华一行从北京启程，经过东北到俄罗斯。瞿秋白写了《饿乡纪程》《赤都心史》，记下了他在俄国的旅程和见闻，表达了自己的思考和感想，认为俄国革命的现实，虽然存在很多弊病，并非尽善尽美，却充满勃勃生机，革命的政府正在努力兴利除弊，创造日益美好的明天。在联共（布）和共产国际的帮助下，中国共产党于1921年建立，中国的历史掀开了新的一页。随着中国国内马克思主义的传播和社会主义思潮的兴起，中国人民日益增强了对社会主义国家苏俄的向往。1921年第一批中国青年赴莫

---

[1] 李大钊：《法俄革命之比较观》，见中国李大钊研究会编注《李大钊全集》第2卷，人民出版社，2013年，第329—332页。

斯科东方大学学习。1924年,国共合作实现。1925年,莫斯科中山大学开办,国民党、共产党选拔大量革命青年到该校学习,他们回国后成为改造中国社会的领导者和政治精英,在翻译马克思主义经典文献方面,也卓有贡献。此外,还有一批人从法国、德国、比利时等西欧国家进入莫斯科中山大学学习,其中有邓小平、徐冰、傅钟等。

瞿秋白是著名的马克思主义理论家,也是一位马克思主义史学家。如果说早期马克思主义者李大钊、陈独秀、李达因为到日本留学、接受马克思主义主要是通过日本途径的话,瞿秋白则由于到苏联访问、学习、工作的缘故,他对马克思主义的接受则主要是通过苏联的途径。瞿秋白1922年在莫斯科加入中国共产党,后在莫斯科东方大学担任助教兼理论课的翻译,其间比较系统地学习了马克思主义。回国后,他在国共合办的上海大学任教务长兼社会学系主任,讲授现代社会学、社会哲学等课程。他编著了《社会哲学概论》《现代社会学》以及《社会科学概论》等。这些著作或摘编恩格斯的《反杜林论》,或是吸收了布哈林对马克思主义理论的阐释。瞿秋白比较系统地讲述了辩证唯物主义和历史唯物主义的基本原理,并以此为根据,批判胡适的实用主义、张君劢的唯意识论、东方文化派的唯心论等,对传播马克思主义做出了重要贡献。他的马克思主义史学理论著述,带有明显的苏俄色彩。

30年代,中国许多新闻界著名人士到苏联访问,如胡愈之、曹谷冰、戈振公、邹韬奋、戈宝权等。他们大多留下了著作,介绍在苏联的见闻。他们从中国的视角看苏联,将苏联与中国对比,思考中国的现实问题,并希望取人之长,补己之短。他们的著作有效地促进了中国民众对苏联的了解。1945年至1946年,已成为中国文坛巨匠的郭沫若、茅盾,先后访问了苏联。郭沫若在苏50天,曾在莫斯科苏联对外文化协会历史哲学组发表演讲——战时中国历史研究。回国后他写出了《苏联纪行》。茅盾到苏联访问了3个多月,写出了《苏联见闻录》。这两部著作纠正了国内对苏联的某些歪曲报道,比较全面地介绍了苏联科学事业的发展和各项文化建设成就,反映了40年代中国知识分子对苏联的认识。

中国共产党建立之前及建立初期,马克思主义理论著作主要是从日文、英文转译的，但这种情况到30年代以后则出现了变化，主要是因为大量的留苏学生回国，从俄文翻译马列著作成为主要的途径，而且翻译工作更有组织、更加系统化了。俄文翻译纠正了此前翻译中的许多谬误，促进了马列主义在中国的系统传播，造就了一批著名的翻译家。如吴亮平（又名吴黎平、吴良斌）翻译了马克思的《法兰西内战》，恩格斯的《社会主义从空想到科学的发展》《反杜林论》，列宁的《两个策略》《国家与革命》等经典著作，张仲实翻译了恩格斯的《路德维希·费尔巴哈和德国古典哲学的终结》《家庭、私有制和国家的起源》，普列汉诺夫的《马克思主义基本问题》，斯大林的《论民族问题》等。他们的工作受到毛泽东以及理论工作者的高度评价。毛泽东曾说："吴亮平翻译的《反杜林论》这本书，对中国革命起了很大的作用。"[1] 熊复也说："在学习马克思主义基本理论方面，我要特别感谢仲实同志。正是他翻译的恩格斯的《费尔巴哈与德国古典哲学的终结》和普列汉诺夫的《马克思主义基本问题》，

---

[1] 吴亮平：《吴亮平自传》，载晋阳学刊编辑部编《中国现代社会科学家传略》第6辑，山西人民出版社，1985年，第143页。

六、中苏（俄）史学交流

指引我踏上马克思主义哲学的堂奥。也正是他翻译的列昂节夫的《政治经济学讲话》，使我初尝马克思主义政治经济学的甜果。"[1]

20世纪30年代的社会史大论战，是民国时期史学的一道亮丽风景，对促进中国现代史学的发展具有重要意义。中国社会史论战主要围绕三个问题：一、亚细亚生产方式问题；二、中国有无奴隶制；三、中国封建社会长期存在的原因何在。这三个问题既是学术问题，又与中国当时的革命形势紧密相关，同时又有一定的国际学术背景。国际学术界对此问题的看法影响着共产国际对中国问题的判断，进而影响中国革命方略的制定。学术与政治相互交织显而易见。参加论战的双方都意识到这一点。如《读书杂志》主编王礼锡说："关于中国经济性质问题，现在已经逼着任何阶级的学者要求答复。任何阶级的学者为着要确定或辩护他自己的阶级的前途，也非解答这问题不可。"[2]

---

[1] 张积玉、王钜春：《马克思主义理论翻译家张仲实》，陕西人民教育出版社，1991年，第159页。
[2] 王礼锡：《中国社会史论战序幕》，载《读书杂志》，1931年，第1卷第4、5期合刊。

论战另一阵营的吴亮平也说:"第一次大革命失败了,究竟革命的前途如何?那时议论很多。……为了解决这些问题,宣传党对中国革命的正确主张,党中央决定发起关于中国社会性质的论战。"[1] 对于这次论战的国际学术背景,参加论战的中国史家当时也有清醒的认识。关于亚细亚生产方式,吕振羽在《社会发展过程中之"亚细亚生产方法"问题》一文说:"在中国和日本对于这一问题之各种不同的见解,可说完全是发生于苏联的各种见解的延长。"[2] 关于奴隶制,奉行唯物史观、积极参加论战的何干之后来在总结论战时指出:"苏联史家中,写通史的沙发洛夫,以为中国没有奴隶制,歌德斯也有这种倾向。后来科瓦列夫的《古代社会论》和赖哈尔特的《前资本主义社会史论》出了版,才改正了这种偏向,这是值得注目的文献。"[3] 至于封建制,何干之说:"苏联史家由中国社会性质问题,再讨论到中国封建制问题,并不是为着纯史学的探求,这

---

[1] 周子东等:《三十年代中国社会性质论战》,上海知识出版社,1987年,第116—117页。
[2] 载《中苏文化》,1936年,第1卷第6期。
[3] 何干之:《研究中国社会史的基本知识》,载《自修大学》,1937年,第1卷第1号。

六、中苏（俄）史学交流

一历史理论的活动，和目前中国政治运动，是有密切的关联性的。我以为这次讨论，对于中国社会停滞问题，有极重要的提示，不应把它当作一个史学问题而轻轻地放过。"[1] 侯外庐1930年从法国归来，主要精力仍在《资本论》的翻译上。他虽然没有直接参加论战，但却时刻对之予以关注。他也看到了苏联学者对这次论战的影响。他说："苏联学者在提出问题讨论上贡献了甚大的功绩，没有他们在前头论争，追求真理，我们是还不会在一个专门问题方面做深入的探讨的，这是真话。"[2]

苏联史学界对中国社会史论战的影响，可以拉狄克[3]（Karl Radek，1885—1939）为个案来说明。拉狄克虽然是波兰犹太人，但他在苏联工作，讲一口流利的俄语，用俄文写作，完全可以把他作为一个苏联学者看待。他是西方关于革命史研究的权威，也是中国问题专家。他曾担任莫斯科中山大学校长，并在该校讲授"中国革命运动史""西方革命史""西方职工运动

---

[1] 何干之:《苏联史家怎样观察中国封建制》，载《时论》，1936年，第1卷第1期。

[2] 侯外庐:《苏联历史学界诸论争解答·自序》，上海建国书店，1946年。

[3] 译名尚有"拉迪克""拉德克""腊狄克""腊殆克"等。

史"。其"中国革命运动史"讲义1927年由莫斯科中山大学出版。曾在莫斯科中山大学留学的史唐回忆说:"第一任校长拉狄克,是波兰的老革命家,又是研究中国问题的专家。他主讲的'中国革命史',几乎征服了所有中国学生……讲课生动有趣,言辞幽默,表情丰富,能紧紧抓住听众,课堂里会不时发出哄堂大笑。拉狄克既是老布尔什维克,又是著名学者,学识渊博,能说好几国语言,待人热情没有架子。他的学识和为人,使他在全校师生中享有很高的威望。"[1]

拉狄克的《中国革命史》在中国由多家出版社出版,有的出版社甚至对之多次再版。有的期刊还为之刊登广告,不吝赞美之词:"中国历史真可说是黑漆一团,近来虽也有对它作理论分析的,但少成就。然而世界有名的理论家和政治家,却已作了一个正确的分析。方法很科学。对于各朝代底变革行程,都有优异的新颖的解释。这是研究历史、社会史和政治经济底人所必买之书。"[2] 拉狄克认为中国资本经济已有几千年的历史,历史上的封建主完全没有了。土地可以

---

[1] 史唐:《我在莫斯科中山大学的回忆》,载《百年潮》,2005年,第2期。
[2] 载《二十世纪》,1932年,第2卷第2期,第220页。

自由买卖,因而集中到商业资产阶级手里,他们剥削的目的,与封建地主不同,因为后者不知道货币经济,他们的目的,不过是为得黄金、装饰品、美女而已;因此中国无所谓封建势力,只有商业资本家[1]。拉狄克的书对陶希圣有影响,对中国托派的影响也很明显。有研究表明:陶希圣《中国社会之史的分析》《中国社会与中国革命》书中的观点来自拉狄克,任曙《中国经济研究》、严灵峰《中国经济问题研究》、孙倬章《中国经济的分析》、王亚南《封建制度论》虽然在细节上有差异,但是都认为中国现实社会是资本主义占优势。其余"如彭述之、刘仁静等,也有同样的意见;不过都是在托洛斯基、拉狄克、陈独秀的原则下,大同小异——或者简直完全相同"[2]。他们都认为春秋战国以后,由于商人资本的发达,完整的封建制度已经没有存在的余地。与此同时,论战中的反对派批评拉狄克的也很多。拉狄克是中国社会史论战时期出现频

---

[1] 李孝迁:《域外汉学与中国现代史学》,上海古籍出版社,2014年,第221页。

[2] 张广智主编:《20世纪中外史学交流》,北京师范大学出版社,2007年,第259页。

率很高的一个外国人名字。

拉狄克的《太平天国革命运动》对民国时期的学者有一定的影响。从朱谦之的批评中可知,李一尘《太平天国革命运动史》、张霄鸣《太平天国革命史》、李群杰《太平天国的政治理想》等书,都多次引用它。朱谦之对拉狄克关于太平天国革命的评论多有批判:"然而不幸地许多托洛茨基派的历史理论家,竟歪曲了这种事实,如拉狄克(Radek)在《太平天国革命运动》书中,曾经说过在太平天国时代,中国当时需要的资产阶级革命已经成熟了。"[1]拉狄克的《中国革命运动史》对延安史学也有影响。据研究,吴玉章、林伯渠的论文《太平天国以前中国经济、社会、政治的分析》、李鼎声的《中国近代史》、张闻天主编的《中国现代革命运动史》、华岗的《1925—1927中国大革命史》等,都吸收了拉狄克的有关论述,尽管他们对拉狄克的观点有所批判。[2]

---

[1] 朱谦之:《关于太平天国革命思想》,见《朱谦之文集》第2卷,福建教育出版社,2002年,第350页。

[2] 李孝迁:《域外汉学与中国现代史学》,上海古籍出版社,2014年,第221—238页。

六、中苏(俄)史学交流

此外,沙发洛夫(G. Safarov)的《中国社会发展史》、柯金(M. Kokin)的《古代中国的土地制度》、马札尔(Ludwig Madyar,匈牙利人)的《中国农村经济研究》、杜布罗夫斯基的《亚细亚生产方法、封建制度、农奴制度及商业资本主义本质问题》、科瓦列夫的《古代社会论》、赖哈尔特的《前资本主义社会史论》等书,在民国时期都有翻译,在中国学术界也有一定的市场,在社会史论战时期,为赞同者所借鉴和引用。

1938年斯大林的《辩证唯物主义与历史唯物主义》(原为《苏联共产党(布)历史简明教程》之一节)发表,五种生产关系说问世:"历史上有五种基本生产关系:原始公社制的,奴隶制的,封建制的,资本主义的,社会主义的。"[1]1939年,苏联哲学家罗森塔尔与尤金主编《简明哲学辞典》,把斯大林所说的五种生产关系进一步阐释为五种社会经济形态,并作出论断:原始公社制度、奴隶占有制度、封建制度、资本主义制度以及社会主义制度(共产主义),是人类社会必经的五个社会经济形态。此说一出,在中国学界迅速引起了

---

[1] 斯大林:《辩证唯物主义与历史唯物主义》,人民出版社,1955年,第23页。

回应，被认为是马克思主义关于社会发展的最简明经典的概括，是放之四海而皆准的"人类社会发展的一般规律"[1]。"斯大林主持下编写的于1938年出版的《联共（布）党史简明教程》，不仅被定位为马克思列宁主义的百科全书，而且被确定为党史、革命史乃至全部历史研究的范本，对此后中国学者研究中国历史与文化产生极为深重的影响。"[2]

---

[1] 张广智主编：《20世纪中外史学交流》，北京师范大学出版社，2007年，第2—3页。
[2] 姜义华、武克全主编：《二十世纪中国社会科学·历史学卷》，上海人民出版社，2005年，第521页。

七、中国与其他西方国家的史学交流

中国与欧洲国家的交流,除了法国、德国、英国、苏俄外,与瑞典、荷兰、意大利等国的交流也有值得关注之点。

民国时期,瑞典学者与中国史学联系还是比较多的。瑞典探险家斯文·赫定多次来中国探险及学术考察,曾与中国学术界联合组织西北科学考察团。他写的考察报告,在西方学术界影响很大。瑞典考古学家、地质学家安特生1921年任职于中国农商部地质调查所,他在辽宁锦西沙窝屯和河南渑池仰韶发掘出新石器遗址,改变了中国无石器时代的旧说,对推动中国原始社会研究起了很大作用。瑞典还有一位汉学家西伦(O. Siren),是瑞典斯托洪(Stockholm)大学教授,以研究中国美术史著名,也是中国建筑史方面的专家。1922年3月他来中国,曾到北京大学做过"东西洋绘画之比较"的学术演讲。瑞典最有名的汉学家是高本汉(Bernhard Karlgren,1889—1978)。他年轻时期曾在山西大学留学,在中国生活过若干年,跟随山西的私塾先生读"四书五经"以及古代典籍。他对中国古代音韵、训诂均有精深的研究,不仅在欧洲声望很高,对中国学者也有很大的影响。他继承了清代学者在古音研究方面的成就,并利用新的方法和材料来研究古音。同时,他在语文学、文献学、青铜器年代学等领域也有巨大的贡献,是当之无愧的"汉学大师"。他的博士论文题曰《中国音韵学研究》,是中国语言学史上公认的一部里程碑式的著作。"他一方面有了西方人记录中国方言的著作做参考,一方面又受到龙德尔(J. A. Lundell)教授的训练,能够利用很精密的瑞典式方言字母来分析中国现代的方言。"[1] 他的博士论文由中国音韵学专家赵元任、李方桂、罗常培翻译成中文,商务印书馆1930年出版。此外他还有《汉语分析字典》

---

[1] 张世禄:《介绍高本汉先生》,见李孝迁编校《近代中国域外汉学评论萃编》,上海古籍出版社,2014年,第355页。

七、中国与其他西方国家的史学交流

《中国古音的拟测》《左传真伪考》等等。他十分敬重中国学者的成绩,与赵元任、李方桂、罗常培等保持书信联系,读过胡适、章太炎、王国维、梁思永、董作宾、郭沫若的著作,非常钦佩这些学者在学术上的造诣。他在为自己著作的中文版所写的序言中,表达了他的谦虚和情感。他说:"中国民族上的研究工作何等的大,一个西洋人再要想在这上面担任多大一部分工作,现在其实已经不是时候了。中国新兴的一班学者,他们的才力学识既比得上清代的大师如顾炎武、段玉裁、王念孙、俞樾、孙诒让、吴大澂,同时又能充分运用近代文史语言学的新工具;……一个西洋人怎么能妄想跟他们竞争呐?这一班新学者既能充分的理解古书,身边又有中国图书的全部,他们当然可以研究到中国文化的一切方面;而一个西洋人就只能在这个大范围里选择一小部分,作深彻的研究,求适度的贡献而已。"[1] 高本汉的著作和研究方法,对陈寅恪、傅斯年均有影响。俞大维在《怀念陈寅恪先生》中说:"寅恪先生由他念书起,到他第一次由德、法留学回

---

[1] 〔瑞典〕高本汉:《中国音韵学研究·著者赠序》,赵元任、罗常培、李方桂译,商务印书馆,1940年。

国止;在这段时间内,他除研究一般欧洲文字以外,关于国学方面,他常说:'读书须先识字。'因是他幼年对于《说文》与高邮王氏父子训诂之学,曾用过一番苦工。到了中、晚年,对他早年的观念,稍有修正。主要原因,是受了两位大学者的影响:一、瑞典汉学大家高本汉先生。高氏对古人入声字的说法,与假借字的用法,给他极大的影响。二、海宁王国维先生。王氏对寅恪先生的影响是相得益彰的;对于殷墟文字,他受王氏的影响;对梵文及西域文字,则王氏也受他的影响。"[1] 傅斯年作为中央研究院历史语言研究所所长,对高本汉的学术极其推崇,聘请他担任外籍通信研究员,组织学者翻译高本汉的著作,他为高本汉的《中国音韵学研究》中文版撰写了序言,说:"以斯年所闻,友人中欲此书译本流传中土者,先后有赵元任先生、刘半农先生、胡适之先生;斯年虽于此学无所能,其愿此书之吸收于汉土,亦未敢后人也。故中央研究院历史语言研究所创办之初,即有意迻译此书,虽译书不在本所计划范围内,然为此书不可不作一例

---

[1] 卞僧慧:《陈寅恪先生年谱长编(初稿)》,中华书局,2010年,第57—58页。

七、中国与其他西方国家的史学交流

外。"[1]傅斯年还曾于1933年三次致电或写信给高本汉，向他说明作为外国通信研究员所受薪金之来源，感谢他为史语所出版的《庆祝蔡元培先生六十五岁论文集》撰写论文。高本汉在民国学界的地位和影响，由此可见一斑。

戴闻达（J. J. L. Duyvendak，1889—1954）是荷兰汉学家。他1912年来华在荷兰使馆工作，1918年回国后任莱顿大学（Leiden University）汉学研究所会员、教授。他译有《商君书》（*The Book of Lord Shang*，1928）、《道德经》（*Tao to king, Le Livre de la voie et de la vertu*，1953）等，著有《马欢重考》（*Ma Huan, Reexamined*，1933）、《1794—1795年荷兰赴华使节记》（*The Last Dutch Embassy to Chinese Court*，1794—95，1938）、《中国发现非洲》（*China's Discovery of Africa*，1947）等书。戴闻达与中国学术界交往颇多，民国时期的二三十年代，他住在北平，很可能在燕京大学等学校任教。他的名字多次出现在顾颉刚1926年、1935年的日记中。

《史地丛刊》刊登"新文化丛书"广告，介绍了荷兰

---

[1] 傅斯年：《中国音韵学研究·序》，见〔瑞典〕高本汉著，赵元任、罗常培、李方桂译《中国音韵学研究》，商务印书馆，1930年，第1页。

学者的《唯物史观解说》:"是书为荷兰人 Herman Gorter 所著,立意在使荷兰劳动者了解唯物史观之要旨,故辞义浅显,解释详尽,为研究社会主义者之杰作。"[1]

戴密微(Paul Demiéville,1894—1979)是瑞士汉学家,但主要是在法国接受的汉学训练。他是沙畹的弟子,学识渊博,治学严谨,兴趣广泛,在中国哲学,尤其是佛教、道教、敦煌学、语言学、中国古典文学等方面均有杰出成就,在西方汉学界享有盛誉。他从研究敦煌经卷始,继之及于禅宗、禅意诗、文人诗。尤其是评介中国古典诗歌深入细致,推动了法国中国文学研究的发展。他的著述非常丰富,专著、论文及书评达 300 余种。他 1920 年入河内法兰西远东学院。1921 年 6 月至 1922 年 1 月,他来中国考察,在北京居住了很长时间,对中国文化产生了浓厚兴趣。1924 年至 1926 年,他到厦门大学任教授,讲授西方哲学、佛学和梵文。他与胡适有交往,曾在《河内远东法兰西学校校刊》上发表介绍胡适的井田制研究、章学诚研究的文章。

---

[1] "新文化丛书",载《史地丛刊》,1920 年,第 1 卷第 3 期。

七、中国与其他西方国家的史学交流

民国时期的史学理论界对意大利学者的成果给予了关注。李大钊在他的《史学思想史》讲义中有一专题"韦柯（Giovanni Battista Vico）及其历史思想"[1]，对维柯的历史思想进行了介绍和评述。他说："韦柯（Vico，1668—1744）南欧义大利人。千六百九十七年充修辞学教授，颇著声誉。但他的学问的特点，却不在修辞学，而在其具有哲学的说明历史学的伟大的学力。他不只是历史哲学的先驱者，简直是历史哲学的创造者。晚年的生涯，纯是有光荣的历史学者的生涯。千七百三十四年，为拿波利王室的史料编纂官。"[2] "韦柯是社会学的先驱者，是历史哲学的建设者，是唯物史观的提倡者。"[3] 翦伯赞的《历史哲学教程》介绍了维柯的历史"三分法"，即人类历史发展经过神话时代、英雄时代、人类时代，认为维柯是设定人类社会发展法则的最初尝试者[4]。

---

[1] 韦柯，现译作维柯。

[2] 李守常：《韦柯（Giovanni Battista Vico）及其历史思想》，见《史学要论》，河北教育出版社，2000年，第335页。

[3] 李守常：《韦柯（Giovanni Battista Vico）及其历史思想》，见《史学要论》，河北教育出版社，2000年，第337页。

[4] 见翦伯赞《历史哲学教程》，河北教育出版社，2000年，第45页。

克罗齐（Benedetto Croce，1866—1952）是意大利著名的唯心主义哲学家，新黑格尔主义学派的代表人物之一。他最著名的著作是《历史学的理论和实际》，以德文写出，1915年初版，1919年又以意大利文再版。1920年英国人道格拉斯·安斯利据意大利文版翻译成英文本[1]。民国时期的学者大都是从英文本了解这本书。雷海宗编译了《克罗奇的史学论——历史与记事》，该文是克罗齐《历史学的理论和实际》一书的第一章[2]，即全书的总论。雷氏还对克罗齐的史学论作了评论，认为"克氏的议论虽不免有过度处，但以大体言之，他的学说颇足以调剂我们中国传统史学偏于'记事'的弊病"。[3] 朱谦之曾介绍过克罗齐的著作和理论，他赞同克罗齐的史学理论，并以之论证自己所开展的"现代史学"的合理性。他说："意大利 Benedetto Croce 接受了 Hegel 之另一方面，在他所著《历史叙述

---

[1] 《出版说明》，见克罗齐著、傅任敢译《历史学的理论和实际》，商务印书馆，1997年。
[2] 克罗齐《历史学的理论和实际》第一章标题现译为"历史与编年史"。
[3] 雷海宗：《克罗奇的史学论——历史与记事》，载《史学》，1930年，第1卷第1期。

的理论及历史》中,很大胆地告诉我们,一切真的历史都是现代的历史(Every true history is contemporary history),普通以过去的事实为历史事实,却不知历史事实经过今我思想的活动,即将过去涌现于现在当中,而后才有历史的意义。所以真有生命的历史都是现在的,失却现在即不成其为历史,只好说是过去的历史,由 Croce 看来,不过无生命的形骸而已,木乃伊而已……Croce 看重历史的现代性,可算对于史学界是一大进展,一大革命。真正的历史学家们,我们宣言,我们不要建设有生命的历史罢了,既然要建设历史,创造文化,便不得不毅然决然舍弃了过去历史的残骸,而从事现代性的历史之把握。所以现代性的历史之把握,就是'现代史学'之第一使命。"[1] 另外,陆懋德的《史学方法大纲》,也多次引用克罗齐的《历史学的理论和实际》。他在该书第一编"论历史"云:"意大利史学家 B. Croce 在所作 *The Theory and Practice of History* 第一章内,所论甚为精到。其大意谓历史虽由记载做成,而'记载是死的,历史是活的',又谓'记

---

[1] 朱谦之:《现代史学概论》,见《朱谦之文集》第6卷,福建教育出版社,2002年,第4页。

载是死历史,而历史是活记载',又谓'死的记载是在历史内做成活的'。盖人类所作任何事故之记录,皆是记载,亦即是史料。然必应用现代眼光及现代主义,加以研究组织之工作,而后可谓之历史。故历史之做成,虽取材于各种记载,而实与原来之记载大异。盖过去的记载,不必全有研究的价值。而研究的价值,全在适应现在之需要。作历史者自必注意当时与现在的关系,而用以做为历史,方能适应现在之需要。由是言之,历史是有时代性的,不但已过的记载不是历史,即已过的历史亦不是历史。"[1]

此外,留学法国出身的周谦冲翻译了意大利著名史学家沙耳非米尼著的《史学家与科学家》。该书1945年4月由商务印书馆在重庆出版,1947年8月在上海再版。全书由十二章及附录一篇组成,论述了历史学及社会科学的性质、功用和方法上的一些问题,并与自然科学进行比较。作者从事反法西斯的政治斗争,受墨索里尼政权的迫害,后流亡海外,加入美国籍,曾任哈佛大学教授,一生撰有多种关

---

[1] 陆懋德:《史学方法大纲》,北京师范大学史学研究所资料室,1980年,第3页。

于意大利历史和法国革命史的著作。《史学家与科学家》是沙耳非米尼 1938 年 12 月在芝加哥大学的讲演集，1939 年 5 月出版。

八、中外史学交流对民国时期史学发展的影响

中外史学交流包含的内容非常丰富,如中外互派留学生和访问学者,外国史学成果的传入、翻译和影响,中国史学成果在外国的传播和影响,外国的史学研究机制、史学人才培养机制对中国的影响,等等。鸦片战争以前,中西史学交流很少;中国与亚洲诸国的史学交流也是不对等的,中国是史学输出国,周边国家向中国称臣纳贡,或是藩属国,它们往往派使臣和留学生到中国来,学习中国的先进文化。在历史学领域,周边国家受中国影响很大。然而,鸦片战争后,这种状况发生了改变。中国再也不能闭关自守、独立世外了,从寻求中国自身的发展和外国殖民者进行文化渗入两方面看,中外文化交汇都是势所必然。民国

八、中外史学交流对民国时期史学发展的影响

时期的中外史学交流在晚清史学交流的基础上,又上了一个新的台阶。

中外史学交流对民国时期史学发展具有巨大的影响。

第一,中外史学交流促进了中国史学现代转型。中国史学现代转型是中国社会转型所决定的,史学是社会的组成部分,社会变革了,史学也必然随着变革。然而,史学绝非社会变革的被动者,因为社会的变革是由人具体实施的,是人推动的,作为意识形态的史学及其主体——史学家,具有高度的社会责任,也是社会变革的积极参加者。他们意识到,史学的变革能够推动社会的变革。1902年,梁启超发表《新史学》,大声疾呼:"史界革命不起,则吾国遂不可救。悠悠万事,惟此为大。"而最早实施中国史学变革的学者是在中外史学交流中成长起来的学者。留学英国翻译《天演论》的严复,流亡日本的梁启超、章太炎,以及20世纪初的众多留日生等,是揭开中国现代史学序幕的人。他们在英国或日本学习及从事学术活动,接触到西学,学习和接受西方史学理论,将西方近代史学及历史观引进到中国,同时,对中国旧史学进行了总结

和批判，自觉地把史学变革与挽救民族危亡、社会危机结合起来。五四运动时期是中国现代思想史上的活跃期，也是中国史学走向现代的关键期，留学欧美的学者大量回国，加入到改造中国旧史学、建设中国现代史学的行列。中国史学，无论是历史观、历史编纂的体裁和形式，还是学术媒介和学术机制，都全面与西方接轨。学术期刊不断刊登外国的学术成果、新的史学理论，介绍新的史学发展趋势，出版社出版大量的译作，反映了中外史学交流已成为一种常态，中外史学能够进行良性互动。中国史学通过学习西方，在继承中国传统史学的基础上，建立了自己的具有现代意义的学术范式。自此中国现代史学建立起来了。从模仿、学习到自主创新，中国现代史学的每一次进步，都是与中外史学交流分不开的。

第二，中外史学交流培养了中国现代史学人才。民国时期造就了众多的著名史学家，这些史学家大都有留学或出国学术交流的背景。辛亥革命前后，在史学界执牛耳的留日生居多。五四运动前后，欧美留学生大量归国，众多的史学界明星出自于他们。应该说，具有留学背景的史学家构成民国时期史学界重要史学

八、中外史学交流对民国时期史学发展的影响

家的主体,在学术研究、学术行政、引领学术风潮等方面居于主导地位。以北京大学史学系为例,20年代,留日出身的朱希祖担任系主任;30年代,留学英德的傅斯年、留学美国的陈受颐、留学德国的姚从吾先后主政史学系。他们的历史学科建设思想和治学特点,与他们留学期间学习的内容、留学期间所接触到的国外学术模式有密切的关系。傅斯年创办中央研究院历史语言研究所,提出的研究旨趣很显然接受了德国兰克史学的理念。其办研究所理念也受西方影响,如顾颉刚所言:"傅在欧久,甚欲步法国汉学之后尘,且与之争胜。"[1]

第三,中外史学交流是中国现代史学发展的重要助力。域外汉学对国内史学具有很大的推动作用,主要表现在:1.国外汉学在思维方式、研究方法给国人以启迪。正如有的期刊所评论的:"因海外留学生群体的努力,域外汉学已经引起中国学界的普遍关注,国外汉学往往在国内学界得到相当迅速的回应。外人之致力汉学,为期虽短,而进步惊人。即如欧美汉学家

---

[1] 顾颉刚:《顾颉刚日记》第2卷,(台湾)联经出版事业股份有限公司,2007年,第160页。

能以科学方法处理史料,其研究之精细,理论之精辟,多为国人所不及;又如日本学者之研究中国学术,其精密处虽不如西人,然取材之赅博,刻苦不苟之精神,殊足供国人所借镜。"[1] 2. 国外的汉学或史学研究成果给国人以激励。在国家和民族命运多舛的民国,国内学术的盛衰与国家荣辱有着紧密的联系。陈垣曾说:"现在中外学者谈汉学,不是说巴黎如何,就是说日本如何,没有提中国的。我们应当把汉学中心夺回中国,夺回北京。"[2] "吾人若不急起直追,将来势必藉日文以考蒙古文献,宁非学界之耻?"[3] 国外汉学之成绩固然值得欣喜,然在国势衰弱的民国,它却成了中国学人内心深处的隐痛,刺激了他们的民族自尊心,成为发展中国史学的巨大精神动力。3. 中外史学交流能够开阔史学研究的视野,使中国史学研究具有世界眼光。1922年,北京大学设立了研究所国学门,创办了

---

[1]《本刊下年度编辑计划》,载《史学消息》,1937年7月1日,第1卷第8期。

[2] 郑天挺:《郑天挺自传》,见冯尔康、郑克晟编《郑天挺学记》,生活·读书·新知三联书店,1991年,第378页。

[3] 陈垣:《日本文学博士那珂通世传序》,载《师大史学丛刊》,1931年,第1期。

《国学季刊》。胡适为之写了发刊词,他说:"我们现在治国学,必须要打破闭关孤立的态度,要存比较研究的虚心。第一,方法上,西洋学者研究古学的方法早已影响日本的学术界了,而我们还在冥行索涂的时期。我们此时应该虚心采用他们的科学的方法,补救我们没有条理系统的习惯。第二,材料上,欧美日本学术界有无数的成绩可以供我们的参考比较,可以给我们开无数新法门,可以给我们添无数借鉴的镜子。学术的大仇敌是孤陋寡闻;孤陋寡闻的唯一良药是博采参考比较的材料。"[1]民国史家的眼界是开阔的,对中外学术交流持开放态度,在治史方法、学术理念方面非常关注国外的新动向,以人之长补己之短,所取得的成就,得到国外同行的尊重。

---

[1] 胡适:《国学季刊发刊宣言》,见《胡适文存》(二集),黄山书社,1996年,第12页。

参考资料

[1]〔法〕伏尔泰:《风俗论》,梁守锵等译,商务印书馆,2000年。

[2]〔英〕罗素:《罗素回忆录:来自记忆里的肖像》,吴凯琳译,希望出版社,2006年。

[3]〔美〕鲁滨逊:《新史学·译者导言》,何炳松译,商务印书馆,1924年。

[4]〔德〕伯伦汉:《史学方法论》,陈韬译,商务印书馆,1937年。

[5]〔德〕斯宾格勒:《西方的没落:世界历史的透视》,齐世荣等译,商务印书馆,1963年。

[6]〔意〕克罗齐:《历史学的理论和实际》,傅任敢译,商务印书馆,1997年。

[7]〔日〕内藤湖南:《中国史学史》,马彪译,上海

古籍出版社，2008年。

[8]〔日〕本田成之:《中国经学史》，孙俍工译，上海书店出版社，2001年。

[9] 胡适:《胡适文存》，黄山书社，1996年。

[10] 李守常:《史学要论》，河北教育出版社，2000年。

[11] 陆懋德:《史学方法论》，北京师范大学史学研究所资料室，1980年。

[12] 朱谦之:《朱谦之文集》，福建教育出版社，2002年。

[13] 王汎森、杜正胜编:《傅斯年文物资料选辑》，台湾"中央研究院"历史语言研究所，1995年。

[14] 杜维运:《西方史学输入中国考》，（台湾）东大图书公司，1981年。

[15] 周予同:《周予同经学史研究论著选集》(增订本)，上海人民出版社，1996年。

[16] 李喜所主编:《五千年中外文化交流史》，世界知识出版社，2002年。

[17] 李喜所:《中国留学史论稿》，中华书局，2007年。

[18] 刘泽华主编:《近九十年史学理论要籍提要》，书目文献出版社，1991年。

[19] 俞旦初:《爱国主义与近代中国史学》,中国社会科学出版社,1996年。

[20] 鲍绍霖等:《西方史学的东方回响》,社会科学文献出版社,2001年。

[21] 姜义华、武克全主编:《二十世纪中国社会科学·历史学卷》,上海人民出版社,2005年。

[22] 张广智主编:《20世纪中外史学交流》,北京师范大学出版社,2007年。

[23] 李孝迁:《西方史学在中国的传播(1882—1949)》,华东师范大学出版社,2007年。

[24] 李帆:《古今中西交汇处的近代学术》,北京师范大学出版社,2010年。

[25] 李孝迁:《域外汉学与中国现代史学》,上海古籍出版社,2014年。

[26] 李孝迁编校:《近代中国域外汉学评论萃编》,上海古籍出版社,2014年。

[27] 王应宪编校:《现代大学史学系概览(1912—1949)》,上海古籍出版社,2016年。

[28] 元青等:《民国时期留美生的中国问题研究》,南开大学出版社,2017年。

[29] 赵少峰:《西史东渐与中国史学演进(1840—1927)》,商务印书馆,2018年。

[30] 刘玲:《20世纪上半期中美史学交流——基于美著史书在华传播与影响的研究》,社会科学文献出版社,2018年。